Ingo Noack

Tagespflege Ratgeber

Tagespflege für Gäste & Angehörige

Copyright: © 2016 Ingo Noack
Umschlag & Satz: Erik Kinting
www.buchlektorat.net
Titelbild: © Alexander Raths

Verlag: tredition GmbH, Hamburg
Printed in Germany
978-3-7345-3237-5 (Paperback)
978-3-7345-3238-2 (Hardcover)
978-3-7345-3239-9 (e-Book)

Bibliografische Information der Deutschen Nationalbibliothek:
Die Deutsche Nationalbibliothek verzeichnet diese Publikation in der Deutschen Nationalbibliografie; detaillierte bibliografische Daten sind im Internet über http://dnb.d-nb.de abrufbar.

Für Sabrina, Elisabeth, Johanna und Alexander
Hilde & Herbert Noack
Käthe & Klaus-Peter Bock

Georg Howaldt, Holger Welkisch, Norbert Weber, Lars-Peter Bock, Michael, Friedrich-Wilhelm Blume, Werner Melchior & Mordechay „Motty" Goldman

Inhaltsverzeichnis

Der Tagespflege Ratgeber wird laufend online aktualisiert.

Auf der Tagespflege Internet Seite finden Sie aktuelle weitergehende Informationen, Sie können Fragen stellen und sich mit Betroffenen austauschen. www.Tagespflege-Senioren.de

Abonnieren Sie jetzt einfach den Pflege Newsletter auf dieser Internet Seite und Sie sind immer aktuell über alle Pflege Themen informiert.

Wenn Sie in eine Tagespflege Einrichtung investieren oder eine andere Senioren Immobilie errichten wollen, bin ich Ihr Ansprechpartner für die Konzeption, Projektentwicklung, Planung und den schlüsselfertigen Bau – bis hin zum Marketing für die Erstbelegung.

Sie erreichen mich am besten unter meiner eMail Adresse in@smnb.de oder meiner Mobil-Rufnummer **0151-2233 2523**.

Vorwort

Durch verbesserte Hygienebedingungen und qualitativ hochwertigere Lebensstandards werden Menschen, nicht nur in Deutschland, immer älter.

Der demografische Wandel macht sich in Form der hohen Anzahl älterer Mitbürger deutlich bemerkbar.

Unglücklicherweise nehmen dadurch gleichzeitig altersbedingte Krankheiten zu. Weltweit erkrankt beispielsweise etwa alle drei Sekunden ein Mensch an Demenz, dem gefürchteten Verlust geistiger Fähigkeiten, beispielsweise im Bereich der Erinnerungen.

Die Anzahl der in Deutschland lebenden Personen mit einer demenziellen Erkrankung betrug im Jahr 2015 rund 1,6 Millionen; die Tendenz wird als steigend beschrieben. Bis zum Jahre 2050 wird mit einer Verdoppelung der an Demenz erkrankten Menschen gerechnet. Meist trifft es Personen ab 65 Jahren, wobei mit zunehmendem Alter auch das Risiko einer Demenzerkrankung ansteigt.*

Neben der Demenz leiden viele ältere Personen an Morbus Parkinson oder Arthrose, sind körperlich oder geistig stark eingeschränkt.

Von allen pflegebedürftigen Personen im Jahr 2011 waren 83 % 65 Jahre und älter.** Ohne Hilfe können die meisten dieser Menschen ihren Alltag nicht mehr bewältigen.

Wenn die Angehörigen berufstätig sind, keine Zeit für eine Rundum-Betreuung haben, körperlich und seelisch nicht in der Lage oder schlicht nicht gewillt sind, die anstehenden Pflege Pflichten zu übernehmen, ist das Pflegeheim oft der einzige Ausweg.

Das Konzept Tagespflege bietet jedoch eine attraktive Alternative zu einem Pflegeheim, in dem Seniorinnen und Senioren rund um die Uhr, oft bis zu ihrem Ableben, ihre Zeit verbringen.

Die Tagespflege orientiert sich hierbei an dem Grundprinzip der klassischen Pflege; der Unterschied liegt jedoch darin, dass die Tagesgäste, wie der Name schon sagt, lediglich tagsüber in der Einrichtung verweilen. Die Heimkehr am Abend lässt das Tagespflegeprinzip auch für Personen, die einen Heimaufenthalt strikt ablehnen, äußerst positiv erscheinen.

Warum ist dennoch die Tagespflege ein eher unbekanntes Prinzip? Es liegt sicherlich mitunter an der schlechten Informationsdichte. Viele pflegebedürftige Personen oder ihre Angehörigen sind über die Möglichkeit einer Tagespflege unzureichend informiert.

Pflegeheime bleiben in erster Linie die Alternative zum Alleinleben im Alter. Sie machen den Großteil der Pflege Einrichtungen in Deutschland aus und stellen die meisten Plätze sowie das meiste Personal in der Alterspflege. Trotzdem sind viele Heime überbelegt und die Wartelisten lang. Auch in diesem Fall ist eine Tagespflege Einrichtung eine gute Möglichkeit, um die Wartezeit auf einen Heimplatz zu überbrücken.

Dieser Ratgeber soll einen ersten Eindruck über die Vorteile einer Tagespflege Einrichtung vermitteln und einen Überblick der möglichen Pflegeformen geben.

Tagesgäste einer solchen Pflege Tagesstätte berichten oft sehr positiv über ihre Erfahrungen – und auch in diesem Buch werden einige ihrer Eindrücke Platz finden und das Konzept Tagespflege aus erster Hand beleuchten.

Hinzu kommen Berichte von Pflegekräften aus dem Bereich der Tagespflege, Finanzierungsideen des

Konzepts, die angenehmen Folgen einer Tagesbe-
treuung sowie die Inhalte, die in den meisten Tagespflege Einrichtungen zum täglichen Standard
gehören und den Alltag von hilfsbedürftigen oder
einsamen Seniorinnen und Senioren bereichern.

*Quelle:
http://www.focus.de/gesundheit/news/alzheimer-bericht-
alle-3-2-sekunden-erkrankt-ein-mensch-an-demenz_id_
4902927.html

**Quelle:
https://www.destatis.de/DE/Publikationen/Thematisch/Gesu
ndheit/Pflege/PflegeDeutschlandergebnisse5224001119004.
pdf?__blob=publicationFile

Kurz erklärt: Was ist die Tagespflege?

Im Gegensatz zum klassischen Pflegeheim verbringen betreuungsbedürftige oder einsame, ältere Menschen in der Tagespflege ihren Tag in einer betreuten Einrichtung – verlassen diese jedoch am späten Nachmittag wieder, um in ihre eigenen vier Wände zurückzukehren.

Dadurch unterscheidet sie sich maßgeblich von einem Pflegeheim, welches die 24-Stunden-Betreuung anbietet. Die oftmals abschreckende Wirkung einer solchen Einrichtung entfällt bei der Tagespflege.

Dadurch lassen sich viele Seniorinnen und Senioren auf diese besondere Beschäftigungsform ein und erleben einen nie gekannten Zusammenhalt in einer bunt gemischten Gruppe von Tagesgästen.

Für Personen, die in ihrer Mobilität eingeschränkt sind und keine Möglichkeit haben, selbst zur Einrichtung zu gelangen, steht meist ein Fahrdienst zur Verfügung. Dieser passt sich in vielen Fällen an die Wünsche des Tagesgastes an; so ist beispielsweise eine frühmorgendliche Abholung ebenso möglich wie die Fahrt zur Mittagszeit.

Tagespflege Einrichtungen sind an Werktagen geöffnet. Von morgens bis nachmittags übernehmen Fachkräfte aus dem Pflegebereich die Betreuung der hilfsbedürftigen Seniorinnen und Senioren.

Pflegerische Tätigkeiten wie Waschen und die Begleitung zur Toilette gehören hierbei ebenso zum Standard wie die Organisation eines abwechslungsreichen Unterhaltungsprogramms. Auch eine umfangreiche Verpflegung durch Frühstück, Mittagessen, Kaffee und Kuchen – meist mit Wahlmöglichkeit – wird zur Verfügung gestellt.
An Geburtstagen oder zu weiteren besonderen Anlässen (z.B. Ostern oder Weihnachten) wird ausgiebig im großen Kreis gefeiert.

Nicht nur Personen mit Behinderung finden in der Tagespflege eine liebevolle Betreuungseinrichtung, auch alleinstehende Seniorinnen und Senioren erleben hier einen abwechslungsreichen Alltag fernab von ihrer Einsamkeit.

Von Gesellschaftsspielen über gemeinsame Ausflüge bis hin zum gemütlichen Kaffeetrinken gibt es ein buntes und niemals langweiliges Programm, das oft auf die Bedürfnisse jedes einzelnen Gastes genau zugeschnitten wird. Einige Einrichtungen haben einen eigenen Garten oder eine windge-schützte Terrasse, wo bei schönem Wetter geruht oder miteinander geplaudert werden kann.

Auch besondere Aktivitäten wie das gemeinsame Anpflanzen von Blumen, ein Kreativkurs oder der Besuch außergewöhnlicher Gäste (z.b. von einem Clown, einem Therapiehund, einer Bauchtänzerin oder einer Tanzgruppe) finden in regelmäßigen Abständen statt. Wenn es sich anbietet, werden auch regionale Märkte oder Museen besucht, sodass das Tagespflege-Programm nie eintönig ist.

Viele Einrichtungen bieten einen kostenlosen Schnuppertag an, bei dem Interessierte das Konzept kennenlernen und ohne Verpflichtungen an einem Tag in der Tagespflege teilnehmen können. Die meistens schrittweise erfolgende Eingewöhnung eines neuen Gastes ist in der Regel jederzeit, je nach freien Plätzen, problemlos möglich.

Zunächst stundenweise lebt sich die Seniorin oder der Senior in die Gemeinschaft ein, lernt Abläufe und Programm der Tagespflege kennen und wird in die Gruppe integriert. Die Gruppenzusammenstellung bleibt meist gleich, sodass sich leicht Freundschaften entwickeln können.

Die Frage nach den Kosten bleibt bei dem abwechslungsreichen Programm, der umfangreichen Verpflegung und den regionalen Besonderheiten je Einrichtung nicht aus.

Die gute Nachricht ist: Je nach Pflegestufe einer betreuungsbedürftigen Person übernimmt in der Regel die Krankenkasse einen Großteil oder die kompletten Kosten der Tagespflege.

Zwischen 40 und 80 Euro kosten die meisten Einrichtungen pro Tag. Inklusive sind hierbei der Fahrdienst und die Verpflegung, sodass keine weiteren Kosten hinzukommen.

Wenn eine Seniorin oder ein Senior selbst anreist, werden die Fahrtkosten abgezogen. Wenn keine Pflegestufe besteht, kann in einigen Fällen das Sozialamt mit den Kosten aushelfen. Eine umfangreiche Information über Finanzierungshilfen lohnt sich in jedem Fall für das Tagespflege-Konzept.

Für wen eignet sich die Tagespflege?

Prinzipiell kann jede ältere Person die Tagespflege besuchen. Sowohl für geistig oder körperlich eingeschränkte Menschen, als auch für gesunde, aber alleinstehende Personen ist die Tagespflege eine gute Alternative zum oft eintönigen Alltagstrott.

Gegen die Einsamkeit, an der viele ältere Menschen leiden, hilft das vielseitige Programm in einer Gruppe Gleichgesinnter.

Um herauszufinden, ob die Tagespflege das Richtige für eine Seniorin oder einen Senior ist, bieten sich die Schnuppertage an, sodass die Alternative zum Pflegeheim auf jeden Fall unverbindlich getestet werden kann. Nachfolgend werden die Vorteile für verschiedene Personengruppen vorgestellt.

– Personen mit geistigen Einschränkungen
Ältere Menschen, deren Erinnerungsvermögen krankheits- oder altersbedingt leidet, loben an der Tagespflege neben dem abwechslungsreichen Programm besonders die regelmäßigen Abläufe.

Beispielsweise sind Demenzkranke meist unruhig und leben in den Tag hinein, ohne sich an eine bestimmte Struktur oder wiederkehrende Rituale zu halten. Sie profitieren daher besonders von der Tagespflege, um wieder einen geregelten und damit auch belebenden Tagesablauf zu etablieren.

Wer nur gelegentlich Tagesgast in Pflege-Einrichtungen ist und ansonsten mit Hilfe von Angehörigen zu Hause lebt, kann die erlernten Abläufe auf die Zeit Zuhause direkt übertragen. Die klare Struktur und die wiederkehrenden Abläufe in Form von festen Essenszeiten oder einer geregelten Sitzordnung helfen dabei, sich mithilfe der Tagespflege auf einen speziellen Tagesablauf einzustellen.

Die Regelmäßigkeit unterstützt außerdem den Prozess, sich Abläufe zu merken und das Gedächtnis dahingehend zu schulen. Auch Personen mit der weiter ausgeprägten Krankheit Alzheimer profitieren in dieser Hinsicht von einer Tagespflege Einrichtung.

Hinzu kommen die Schulungsmöglichkeiten innerhalb der Tagespflege, um die verbliebenen geistigen Fähigkeiten aktiv zu fördern. Gedächtnisspiele wie das beliebte Memory, das viele Seniorinnen und Senioren schon kennen, sorgen auf spielerische Weise für einen Erhalt der Fähigkeiten.

Das Training des Erinnerungsvermögens in einem angenehmen Umfeld kommt hinzu. Gewisse Herausforderungen durch Rätsel oder Begriffe-Raten helfen ebenfalls.

Viele Pflegekräfte in Tagespflege Einrichtungen werden hinsichtlich der Erinnerungsschulung sehr kreativ und überraschen die Gäste mit immer neuen Spielideen und Übungen.

– Personen mit körperlichen Einschränkungen
Menschen, die in ihrer Mobilität eingeschränkt sind und deren motorische Fähigkeiten im Laufe der Zeit weiter abnehmen, erleben in der Tagespflege eine nie gekannte Förderung der verbleibenden Körperfunktionen.

Die Tagespflege stellt in diesem Bereich nicht nur eine Alternative zum Pflegeheim, sondern auch eine gute Ergänzung zu einer physiotherapeutischen Einrichtung dar.

Durch gezielte Übungen und dem Alter angepassten Trainingseinheiten werden die Kräfte und das motorische Geschick der Seniorinnen und Senioren durch das Tagespflegepersonal angeregt, zum Teil deutlich reaktiviert.

Spezielle Übungsformen stärken den Rücken und die Gelenke, sorgen wieder für Kraft und ein besseres Körpergefühl.

In manchen Tagespflege Einrichtungen werden nur für diese Einheiten ausgebildete Physiotherapeutinnen und Therapeuten in die Einrichtung gerufen. Ein wichtiger Fokus liegt bei den sportlichen Übungen außerdem darauf, die Seniorinnen und Senioren zwar zu fordern, aber nicht zu überfordern.

Auch Gäste, die nicht mehr laufen können und die Tagespflege im Rollstuhl besuchen, werden entsprechend gefördert und zur Bewegung animiert: Beispielsweise durch Knetübungen mit speziellen Bällen oder Dehnübungen für die Arme mit elastischen Bändern.

Körperlich eingeschränkte Personen, die eine gewisse Betreuung benötigen, aber noch weitgehend allein zuhause zurechtkommen, sind ebenfalls für die Tagespflege willkommene Gäste.

– Einsame oder alleinlebende Personen
Auch gesunden und körperlich fitten Personen wird der Besuch in der Tagespflege nicht verwehrt. Al-

leinlebende Seniorinnen und Senioren nutzen die Tagespflege, um Kontakt zu anderen Menschen aufzunehmen und eine Abwechslung zum oft sehr einsamen Senioren Alltag zu erhalten.

Auch Personen, die noch Angehörige haben, dürfen sich auf die Tagespflege freuen, da sie hier auf Gleichaltrige treffen. Der Austausch von Erfahrungen oder das gemeinsame Schwelgen in Erinnerungen an längst vergangene Tage wird in der Tagespflege oft intensiver erlebt als beispielsweise mit jüngeren Angehörigen wie Kindern oder Enkeln.

Diese interessieren sich zwar oft für die Geschichten von Großvater oder Großmutter, können aber selbst nichts dazu beitragen, wodurch sich das Gespräch schnell zum einseitigen Monolog entwickelt.

In der Tagespflege lernen Seniorinnen und Senioren Gleichgesinnte kennen und können daher auch ohne ihren Verbleib im Pflegeheim neue Kontakte knüpfen. Vielleicht entsteht hier sogar noch eine ganz besondere Freundschaft im hohen Alter!

– Personen, die auf einen freien Platz im Pflegeheim warten

Nicht zuletzt eignet sich das Konzept der Tagespflege auch für jene Seniorinnen und Senioren, die sich für ihren Umzug ins Pflegeheim entschieden haben, aber noch auf einen freien Pflege Platz warten müssen.

Die Tagespflege fungiert hier als Übergangslösung und bietet eine gute Überbrückungsmöglichkeit bis zum Heimaufenthalt. Die älteren Menschen lernen hier bereits den Tagesablauf ähnlich zu Pflegeheimen kennen, kehren am späten Nachmittag oder am Abend aber noch einmal in ihr gewohntes Umfeld zurück.

Somit erfolgt eine schrittweise Umgewöhnung und somit die ideale Vorbereitung auf das neue Leben im Pflegeheim, das sich hinsichtlich seiner Tagesstruktur kaum von der Tagespflege unterscheidet.

Welche Tagespflege Einrichtung ist die Richtige?

Wenn sich eine Seniorin oder ein Senior für den Besuch einer Tagespflege Einrichtung entscheidet, sollte er sich für die zu ihr oder ihm passende Tagespflege entscheiden.

Wer auf dem Land lebt, spart sich meist die Wahlmöglichkeit und wählt aus rein pragmatischen Gründen die am nächsten liegende Einrichtung. In einigen Fällen sind auch viele Häuser, die in Frage kommen, bereits vollständig belegt und können nur mit einem Platz auf der zum Teil langen Warteliste dienen.

Doch in manchen Orten Deutschlands bestehen mehrere Einrichtungen. Beispielsweise können Personen in Frankfurt am Main zur Zeit über 20 Tagespflege-Häuser besuchen. Wenn in diesen Tagespflegeeinrichtungen noch Plätze frei sind, hat der zukünftige Tagesgast die Qual der Wahl.

Man sollte bei der Wahl der Tagespflege Einrichtung nicht nur rein intuitiv entscheiden: Denn die Schwerpunkte in den Tagespflege Einrichtungen können variieren.

Während manche Einrichtungen ihren Fokus auf Ausflüge und aktive Programmpunkte legen, geht es in anderen vielleicht ruhiger zu:

Hier gibt es dann beispielsweise mehr Bastelstunden, längere Ruhezeiten oder umfangreichere Gesprächsrunden. Meist ist jedoch eine bunte Mischung aus verschiedenen Bereichen im Freizeitbereich vorhanden.

Auch die Größe eines Tagespflege-Hauses ist bei der Entscheidung nicht unwichtig. Viele Einrichtungen mit wenigen Plätzen überzeugen durch ihre personenbezogenen Programmpunkte, die leichter an die Bedürfnisse eines jeden Gastes angeglichen werden können.

Aufgrund der geringeren Anzahl möglicher Tagesgäste ist hier natürlich eine individuellere Betreuung möglich. Große Gruppen haben hingegen den Vorteil, dass auch Aktivitäten stattfinden, die eine Mindestteilnehmerzahl aufweisen müssen.

Der Tagesausflug in einem Reisebus lohnt beispielsweise erst ab einer bestimmten Anzahl Tagesgäste; außerdem kann bei einer großen Gruppe oft eine eigene Führung z.B. durch ein Museum oder der Besuch einer Veranstaltung gebucht werden.

Hinzu kommt der Vorteil, dass in einer großen Gruppe die Chance auf besondere Freundschaften steigt und sich mit höherer Wahrscheinlichkeit Gleichgesinnte finden lassen.

Natürlich herrscht auch unter den Tagespflege Gästen nicht immer eitel Sonnenschein, aber auch ein Streit gehört einfach zum Leben dazu.

Leistungen der Tagespflege

Wie unterscheiden sich die Leistungen in der Tagespflege vom üblichen Service der ambulanten Pflegedienste? Die Pflege in den eigenen vier Wänden wird häufig durch ambulante Pflegedienste durchgeführt und legt ihren Fokus auf die Grundpflege im Bereich der Hygiene und des alltäglichen Lebens.

Die Tagespflege hingegen kümmert sich nicht nur um diese wichtigen, gesundheitlichen Aspekte, sondern hebt auch die Förderung im sozialen Bereich in besonderem Maße hervor.

Durch abwechslungsreiche und kommunikative Spiele, Gesprächsrunden oder aktives Miteinander in anderen Formen werden die sozialen Fertigkeiten der Tagesgäste gefördert.

Gleichzeitig befriedigen die Seniorinnen und Senioren durch die Gruppenaktivitäten mehr als ihre sozialen Grundbedürfnisse.

Der Kontakt mit anderen Menschen und die gelebte Wertschätzung durch das Pflegepersonal stärken Selbstbewusstsein und Lebensmut der Pflegebedürftigen oder einsamen Seniorinnen und Senioren.

Hinzu kommen die individuellen oder gruppenbezogenen Förderungsleistungen hinsichtlich der Schulung motorischer oder geistiger Fähigkeiten, die so in keinem ambulanten Pflegedienst gelebt werden können.

Trotzdem kommt die gesundheitliche Versorgung natürlich auch in der Tagespflege nicht zu kurz. Angehörige möchten ihre pflegebedürftigen Eltern, Großeltern oder Urgroßeltern schließlich in guten Händen wissen – auch in medizinischer Hinsicht.

Die Vergabe von Tabletten unter Einhaltung der Vorgaben seitens des Hausarztes / Spezialisten ist in der Tagespflege Einrichtung selbstverständlich. Auch findet je nach Situation des Tagesgastes ein begleiteter Toilettengang sowie eine Unterstützung bei der Hygiene (Duschen, Waschen) oder beim Bekleiden (z.B. Schuhe binden) statt.

Viele Tagespflege Einrichtungen beschäftigen zusätzlich geschultes Fachpersonal für Tagesgäste mit besonderem Pflegebedarf. Durch dieses Pflegepersonal wird auch die medizinische Versorgung körperlich stark eingeschränkter Gäste während des Aufenthaltes in der Tagespflege sichergestellt.

Personen, die sonst vermutlich nie aus dem Haus gekommen wären, finden in der Tagespflege eine Abwechslung zu den eigenen vier Wänden.

Zu den Personengruppen mit speziellem Pflegebedarf gehören neben gehbehinderten Personen auch beispielsweise Menschen mit Inkontinenz oder Diabetes Mellitus.

Einige Tagesgäste erfordern die Reinigung und den Austausch von Kanülen, die Vergabe von Injektionen oder die Nahrungsvergabe mit speziellen Peg-Sonden, welche in die Bauchdecke eingelassen sind.

Angehörige der Pflegebedürftigen aus diesen Gruppen sollten sich unbedingt informieren, ob in diesen Bereichen examiniertes Fachpersonal zur Verfügung steht, bevor sie sich für eine Tagespflege Einrichtung entscheiden.

Das Pflegepersonal: Pflege mit Herz

Durch die gute medizinische und pflegerische Versorgung werden die Menschen zwar immer älter – aber meist steigt auch mit zunehmendem Alter der Pflegebedarf.

Ein Personalmangel besteht unglücklicherweise auch im Bereich der Altenpflege, allerdings hat sich die Zahl der Fachpflegekräfte in diesem Sektor seit 1999 stetig nach oben entwickelt.

In der ambulanten Altenpflege stieg die Anzahl beschäftigter Pflegekräfte um 108 %, in allen Bereichen immerhin um 60 % (Stand 2013).

Bei einer Zunahme von 30 % der Pflegebedürftigen scheint das Fachpersonal auf den ersten Blick auszureichen.* Jedoch sind die meisten PflegerInnen in ambulanten Pflegediensten oder stationären Heimen beschäftigt.
Die "Zwischenkategorie Tagespflege" wird bisher leider eher vernachlässigt.

Dabei bietet sich hier ein besonders interessantes und liebevolles Arbeitsumfeld: Die Betreuung von Gruppen, die meist aus unter 40 Personen bestehen, gestaltet sich als sehr abwechslungsreich.

Pflegekräfte können und sollen neben ihrem medizinischen Fachwissen auch ihre Fähigkeiten im psychosozialen Bereich anwenden.

Das Pflegepersonal in der Tagespflege benötigt ein gutes Gespür für die seelischen Nöte und Sorgen der Tagesgäste. Da die pflegerischen Grundleistungen in einer Tagespflege zwar wichtig sind, aber nicht den Hauptschwerpunkt ausmachen, bleibt in der Regel viel Zeit, sich auf diese Ebene einzulassen.

Die Kombination aus speziell geschultem Fachpersonal für gehobene Pflegebedürfnisse und Personal, dessen Fokus auf der psychosozialen Komponente liegt, zeichnet eine gute Tagespflege Einrichtung aus.

Ein gewisser Kraftaufwand wird auch von Pflegekräften in der Tagespflege abverlangt: Beispielsweise bei der Begleitung des Waschgangs, je nach körperlicher Verfassung eines Tagesgastes.

Einfühlsame Gespräche mit den Seniorinnen und Senioren, die Stärkung des Selbstvertrauens durch Lob und Anerkennung sowie ein allgemein herzlicher Umgang sind beim Pflegepersonal in Tagespflege Einrichtungen aber ebenfalls an der Tagesordnung und bieten den Pflegenden ein schönes Arbeitsumfeld.

Viele Tagesgäste freuen sich schon lange im Vorfeld auf ihren nächsten Besuch in der Tagespflege. Tagespflege Gäste können sich fast wie in einem Hotel fühlen. Ihr Glück ist der schönste Lohn für eine Pflegekraft in der Tagespflege Einrichtung!

Pflegende genießen den engen, sozialen Kontakt mit den Tagesgästen. Sie lernen die einzelnen Persönlichkeiten kennen, wodurch sich ein abwechslungsreiches Berufsbild ergibt.

Sie stellen einen idealen ersten Gesprächspartner nach Aufnahme eines neuen Gastes in der Gruppe dar und zeigen Interesse an der Vergangenheit, den Vorlieben und den persönlichen Geschichten ihrer Gäste.

Sie wissen durch meist langjährige Erfahrung und den Austausch von Eindrücken, wie jeder Tagesgast individuell gefördert werden kann.

Der regelmäßige Besuch der meisten Tagesgäste erlaubt die Konstruktion einer persönlichkeitsstärkenden Struktur: Nach und nach wird zwischen dem Pflegepersonal und den Pflegebedürftigen Vertrauen geschaffen, sodass sich Seniorinnen und Senioren bald wie zu Hause fühlen.

Der Fokus liegt in der Tagespflege schließlich auf dem Zwischenmenschlichen. Je nach Persönlichkeit werden die stärksten Charakterzüge hervorgehoben und gefördert.

Die seelische Verfassung spielt in der Tagespflege die wichtigste Rolle. "Pflege mit Herz" wird auch in der Tagespflege besonders groß geschrieben, damit sich die Tagesgäste in der Einrichtung wohl fühlen und gerne wiederkommen.

* Quelle:
http://www.bmg.bund.de/themen/pflege/pflegekraefte/pfleg efachkraeftemangel.html

Helfende Hände: Unterstützung durch Ehrenamtliche

Die Unterstützung der Tagespflege durch freiwillige Helfer sorgt in vielen Einrichtungen für eine zusätzliche Bereicherung. In vielen Bereichen, die in einer Tagespflege wichtig sind, können sich Menschen engagieren.

Für jedes Hobby, jedes Talent oder jede Vorliebe wird es in einer guten Tagespflege Einrichtung Möglichkeiten geben. Helfende Hände sind immer herzlich willkommen.

Wer sich für das Ehrenamt in der Tagespflege interessiert, sollte nicht zögern, die nächstgelegene Tagespflege Einrichtung einfach direkt anzusprechen.

Wie könnte das Ehrenamt in der Tagespflege aussehen?

Wer kreativ begabt ist, kann selbst gebastelte Dekorationen wie Fensterbilder oder Tischdekoration kreieren und der Einrichtung schenken. Selbstgemachtes Backwerk wird ebenso gern gesehen wie Spenden aus dem Blumenbereich.

Auch die Unterstützung vor Ort ist möglich. Personen, die besondere Talente und ein wenig Freizeit übrig haben, können durch die Präsentation dieser Talente für Kurzweil sorgen und damit gleichzeitig für ein Lächeln bei den Tagespflege-Gästen sorgen.

Teilen Sie doch Ihr Hobby mit den Gästen einer Tagespflege.

Diese Darbietungen können in nahezu jedem Bereich punkten: in Form von musikalischen Darbietungen mit Gesang oder einem Instrument, aber auch Jonglage oder das Formen von Luftballons werden sicherlich viel Freude bringen.

Ablauf eines durchschnittlichen Tages in der Tagespflege

Die klare Gruppenstruktur, eine feste Sitzordnung und der Fokus auf einen geregelten Tagesablauf zeichnen eine Tagespflege aus.

Daher soll hier ein durchschnittlicher Tag in einer Tagespflege vorgestellt werden.

Die meisten Tagespflege Einrichtungen pflegen einen Tagesablauf von 08:00 Uhr bis 16:00 Uhr.

Wer möchte, kann auch ein wenig später in der Einrichtung eintreffen und vorher in Ruhe ausschlafen. Viele Tagespflege Einrichtungen bieten einen Fahrdienst an, der die Gäste morgens zu einem gewünschten Zeitpunkt abholt und am Ende des Tages sicher wieder nach Hause bringt.

Da es sich meist um kleine Busse handelt, treffen einige Tagesgäste schon früh aufeinander und können sich gemeinsam auf das bevorstehende Tages Programm freuen.

Dennoch bevorzugen einige Personen den Transport durch Angehörige, der natürlich ebenfalls möglich ist.

– Der Morgen

In der Tagespflege Einrichtung angekommen, werden die Gäste begrüßt und je nach Bedarf beim Entkleiden von Jacke und Schuhen unterstützt.

Jeder Gast hat meist seinen festen Lieblingsplatz in der Gruppe, an dem zunächst ein ausgiebiges Frühstück auf ihn wartet.

Frischer Kaffee macht munter, leckere herzhafte und süße Speisen vom Käsebrötchen bis zum Schokocroissant stehen meist ebenfalls bereit.

Durch gekochte Eier oder frisch gebratenen Speck wird das Angebot ergänzt. Wechselnde Angebote zeichnen auch das niemals langweilige Frühstück aus, auf spezielle Bedürfnisse (z.B. Allergien) oder Vorlieben wird selbstverständlich im Rahmen der Möglichkeiten Rücksicht genommen.

Nach dem Frühstück steht der erste Programmpunkt an: Dieser bewegt sich zumeist im entspannten Bereich und soll die Gäste auf den Tag einstimmen. Es könnte sich um ein Spiel wie Memory, Scrabble, Mensch-Ärgere-Dich-Nicht oder Uno handeln.

Auch eine Lesestunde ist denkbar, in der ein Freiwilliger oder eine Pflegekraft den Tagesgästen eine spannende Geschichte vorliest.

Auch Bastelarbeiten oder Gesprächsrunden über ein aktuelles Thema schließen sich manchmal unmittelbar an das ausgiebige Frühstück an.

Basteltätigkeiten erfreuen nicht nur die Tagesgäste, sondern am Ende auch Bekannte oder Angehörige: Das gebastelte Produkt (z.B. eine kleine Schmuckbox oder ein Fensterbild) eignet sich hervorragend als liebevoll gestaltetes Geschenk für nette Menschen.

Der Stolz über die geleistete Arbeit und das schöne Ergebnis bleibt natürlich auch nicht aus. Vor allem, wenn das gebastelte Stück eine sinnvolle Verwendung in der Tagespflege oder Zuhause findet. Daher sind Bastelarbeiten meist ein fester Bestandteil eines gewöhnlichen Tages in der Tagespflege.

– Der Mittag
Auch mittags werden die Tagesgäste mit einem schmackhaften Menü versorgt.

Viele Einrichtungen bieten mehrere Gerichte zur Auswahl. Fisch, Fleisch oder vegetarische Alternativen warten auf die hungrigen Seniorinnen und Senioren.

Das Essen wird zum Teil von Cateringfirmen zur Verfügung gestellt, einige Tagespflege Einrichtungen kochen aber auch selber täglich frisch.

An einigen Tagen kochen die Tagesgäste und das Pflegepersonal auch gemeinsam. In diesen Fällen bringt meist jeder Gast eine spezielle Zutat mit. Auch Gaben von Angehörigen sind hier gern gesehen und sorgen für noch mehr Abwechslung.

An das Mittagessen in nun schon vertrauter Runde schließt sich manchmal der gemeinsame Abwasch des Geschirrs an, um diese haushälterische Pflicht in einer fröhlichen Umgebung auszuüben.

Schließlich müssen viele Tagesgäste an Tagen, in denen sie die Einrichtung nicht besuchen, solche Pflichten allein vornehmen.

Daher ist eine Integration auch solcher Tätigkeiten von Vorteil. Nach dem Mittagessen folgt in der Regel eine Ruhezeit. Viele Einrichtungen haben hierfür einen eigenen "Ruheraum" eingerichtet.

Dieser sorgt mit gemütlichen Sesseln für einen kleinen Rückzugsort. Einige Tagesgäste nutzen die Ruhezeit, um ihren Mittagsschlaf zu halten. Andere bevorzugen es, den Zeitraum mit ruhigen Tätigkeiten wie Stricken oder Lesen zu füllen.

Viele Seniorinnen und Senioren lassen auch einfach ihre Gedanken schweifen und die vielen Eindrücke des Morgens auf sich wirken. Schlafende Gäste werden nach der Ruhezeit durch das Pflegepersonal sanft geweckt und auf das Nachmittagsprogramm vorbereitet.

– Der Nachmittag
Nach den Ruhezeiten wird es meist aktiv: Kommunikationstraining, Bewegungsübungen oder – bei gutem Wetter – Spaziergänge stehen an!

Oft erfolgt in größeren Tagespflege Einrichtungen nun eine Aufteilung in Untergruppen. Dadurch wird auch hier eine möglichst individuelle Förderung der Gäste ermöglicht.

Außerdem können die Tagesgäste somit wählen, an welcher Aktivität sie gern teilnehmen möchten.

Da alle Angebote auf ihre Weise attraktiv sind, sorgt das nicht selten für die Qual der Wahl. Gemeinsames Malen, Singen oder Musizieren als Ersatz für die herkömmliche Kommunikation erfreuen besonders sprachlich eingeschränkte Personen.

Gymnastisches Training mit Bällen oder Bändern schult die körperlichen Fähigkeiten nicht mehr ganz so fitter Seniorinnen und Senioren.

Gedächtnistraining oder Übungen zur Orientierung fördert das Erinnerungsvermögen und die geistigen Leistungen, beispielsweise bei dementen Besuchern.

Weitere, tägliche Pflichten wie Waschen, Bügeln, Unkraut jäten oder Putzen sind auch oft Thema des Nachmittagsprogramms.

Zu „erfüllende" Pflichten sind natürlich auch ein Gefühl des Gebrauchtwerdens bei den Gästen.

Auf spielerische Weise werden diese „Pflichten" in die Tagespflege-Struktur mit aufgenommen. In großer Gruppe macht alles gleich viel mehr Spaß.

Nach der fordernden Aktivität folgt der wohlverdiente, manchmal gemeinsam vorbereitete Kuchen am Nachmittag. Backen und Verzieren von leckeren Süßspeisen gehört bei vielen Tagesgästen zu den Lieblingsbeschäftigungen.

Mit Kaffee und Kuchen werden die Besucher schließlich verabschiedet.

Das eigene Zuhause wartet auf die Tagesgäste: Entweder erreichen sie es wieder mit Hilfe des Fahrdienstes oder sie werden von Angehörigen abgeholt.

– Zusatzleistungen
Neben den genannten Aktivitäten steht das Pflegepersonal zu jeder Zeit bei Fragen rund um die Tagesstrukturierung und die allgemeine Lebensorganisation zur Verfügung. Immer ein offenes Ohr bei Problemen, dafür steht die Pflege mit Herz in der Tagespflege.

Außerdem erkennt das Fachpersonal die verbliebenen Fähigkeiten eines Tagesgastes und fördert diese im Rahmen der Möglichkeiten gezielt z.B. durch Singen, Musizieren oder grob- und feinmotorisches Training.

Die Gruppeneinteilung innerhalb einer größeren Einrichtung erfolgt auf Grundlage dieser Einschätzungen. Aber auch auf Sympathien zwischen den Tagesgästen wird hierbei natürlich Rücksicht genommen.

Wichtig ist auch die Meinungsfreiheit der Besucher.

Wer zu einer Aktivität keine Lust hat oder aus anderen Gründen nicht daran teilnehmen möchte, wird dazu natürlich nicht gezwungen.

Der Gast kann sich im Rahmen der Räumlichkeiten bei Bedarf jederzeit zurückziehen oder sich für eine andere Tätigkeit (z.B. Lesen, Gesprächen mit anderen Gästen oder zu einem Gespräch mit einer Pflegekraft) entscheiden.

Abgerundet wird das Tagespflege Programm durch in regelmäßigen Abständen auftretende Highlights wie Ausflüge oder Besuch von besonderen Gästen sowie durch die pflegerischen Tätigkeiten (Begleitung beim Toilettengang, Baden, Waschen, Fingernägel schneiden, Haare bürsten, regelmäßige notwendige Tablettenvergabe usw.).

Einige Einrichtungen sind zusätzlich mit modernen Medien ausgestattet und bringen den Umgang mit denselbigen ihren Gästen näher.

So gibt es beispielsweise Tagespflege Einrichtungen mit Computern, iPads oder der Spielkonsole Wii, mit der auch sportliche Spiele in die Tat umgesetzt werden können.

Besonderes in der Tagespflege: Von Ausflügen und Festen bis zu speziellen Gästen

Der gerade vorgestellte Tag markiert das durchschnittliche, wiederkehrende Programm der Tagespflege. Hinzu kommen jedoch in nahezu jeder Einrichtung einige Besonderheiten, die in regelmäßigen Abständen die Tagespflege noch einmal zusätzlich bereichern.

Wann immer ein wichtiges Ereignis bevorsteht, wird die Gelegenheit zum Feiern und Spaß haben im Rahmen der Möglichkeiten genutzt.

– Geburtstagsparty in der Tagespflege
Feste feiern wird in der Tagespflege groß geschrieben: Wenn ein Tagesgast Geburtstag hat, erhält er die angemessene Anerkennung der Gäste und der Mitarbeiter, die mit diesem besonderen Tag einhergeht.

Geschmückte Räumlichkeiten durch bunte Luftballons, lustige Luftschlangen auf den Tischen und fröhliche Partyhüte machen dann das Bild der Einrichtung aus.

Ein gemeinsam gesungenes Ständchen ist ebenso selbstverständlich wie eine kleine Aufmerksamkeit, beispielsweise ein Blumengeschenk oder eine Schachtel Pralinen.

Das neue Lebensjahr ist für jeden Tagesgast etwas ganz Besonderes – und es in einer Gruppe Gleichgesinnter feiern zu können, ist meist ein unvergessliches Ereignis.

Bei vielen Tagesgästen liegt die letzte Party viele Jahre zurück, daher genießen sie es ganz besonders, mit dem liebevollen Pflegepersonal und der bekannten Gruppe anderer Tagesgäste zu feiern.

Singen oder Tanzen sind beliebte Aktivitäten an einem Geburtstag. Meist darf das Geburtstagskind auch seine liebste Tagespflege-Beschäftigung wählen.

– Feste zu den Feiertagen
Feiertage wie Weihnachten, Ostern oder Pfingsten werden ebenfalls ausgiebig zelebriert.

Oft beginnt die Vorbereitung auf das Fest bereits einige Tage vorher, da an den eigentlichen Feiertagen die Tagespflege geschlossen ist. Der Besuch von Nikolaus oder Osterhase ist meist das besondere Highlight zur entsprechenden Feier.

Die Tagesgäste werden dadurch einerseits gut unterhalten und bekommen andererseits auch oft ein kleines persönliches Geschenk.

Themengemäße Bastelarbeiten, z.B. die Herstellung eines Osterkörbchens oder Weihnachtsschmuck werden ebenfalls in der Gruppe gemeinsam vorgenommen.

Zu Weihnachten werden Weihnachtslieder gesungen und Plätzchen gebacken. Nikolausmützen auf den Köpfen von Pflegenden, Gästen und Besuchern beleben das Bild der Tagespflege.

Geschenkanhänger und Fensterdekoration werden gebastelt und können direkt für Geschenke an die Lieben verwendet werden.

Ausflüge auf den Weihnachtsmarkt sind manchmal ebenfalls Teil des weihnachtlichen Programms.

Wichtige Fakten rund um das jeweilige Fest werden in Gesprächsrunden gesammelt, wodurch das Erinnerungsvermögen der Tagesgäste auf die Probe gestellt wird.

Außerdem folgen Erfahrungsberichte eigener Weihnachts- oder Osterfeste sowie der Austausch von möglichen Geschenkideen.

Die Kommunikation wird also ebenfalls feiertagsgemäß gefördert.

– Feste zu den Jahreszeiten
Die Tagespflege nutzt oft jede mögliche Gelegenheit für ein besonderes Fest. Auch zu Beginn einer neuen Jahreszeit wird diese in Form des Frühjahr-, Sommer-, Herbst- oder Winterfestes zelebriert.

Hier wird ebenfalls entsprechend der Jahreszeit die Tagespflege dekoriert – meist durch gemeinsam gebastelte Fensterbilder oder andere Dekorationen.

Die Vorteile einer jeden Jahreszeit werden in der Tagespflege ausgeschöpft: Im Frühjahr werden gemeinsam Blumen gepflanzt, im Sommer Spaziergänge in der herrlichen Sonne unternommen.

Im Herbst gibt es Drachensteigen und Basteleien aus gemeinsam gesammelten Kastanien und im Winter wird bei Kerzenschein, in gemütliche Decken eingehüllt, heißer Kakao getrunken und schönen Geschichten gelauscht, während sich die Natur in eine neue herbstliche Farbenpracht verwandelt.

Die Nachteile der jeweiligen Jahreszeiten werden in Gesprächskreisen besprochen.

So sollten sich Tagesgäste im Sommer gut eincremen, um einen Sonnenbrand zu vermeiden und im Winter auf rutschigen Böden achtsam sein. Das tägliche Leben in den entsprechenden Jahreszeiten wird dadurch sicher gestaltet.

Auch die fünfte Jahreszeit hält Einzug in die Tagespflege: Verkleidete Gäste und PflegerInnen beleben zu Karneval die Einrichtung mit "Alaaf"-Rufen und fröhlicher Stimmung.

Wer noch mobil ist, freut sich über eine kleine, klassische Polonaise. Passende Partymusik erfüllt dazu den festlich geschmückten Saal.

– Saisonale Ausflüge
Ausflüge sind ebenfalls Teil der Tagespflege. Jahreszeiten- oder feiertagsgemäß führen sie entweder auf regionale Märkte oder in herrliche Naturparks. Auch Tagestrips in bekannte Städte sind nicht allzu selten.

Auf Märkten können die Gäste nach Herzenslust stöbern und ihren Angehörigen kleine Andenken kaufen. Naturparks locken mit ihren tierischen Bewohnern und beeindruckender Flora.

Sie sind oft nur einen Wimpernschlag entfernt und bieten ausreichend Gelegenheit, die Natur kennenzulernen.

Die Benennung einzelner Tier- oder Pflanzenarten schult zusätzlich das Gedächtnis der Gäste und erweitert ihr Wissen in diesem Bereich.

– Kulturelle Ausflüge
Jahreszeitenunabhängig werden Museen, Galerien oder ein Kino besucht. Ausflüge in Museen lieben die Besucher besonders: Historische Fakten werden mit eigenen Erfahrungen verknüpft.

Museen, die beispielsweise Inhalte des 2. Weltkriegs ausstellen, regen den eigenen Gedankengang an und lassen Kindheitserinnerungen wieder wach werden – viele fröhliche, aber auch einige traurige.

Darüber sprechen können Tagesgäste mit anderen Besuchern oder dem Pflegepersonal. Nostalgische Gefühle werden bei der einen oder anderen Seniorin bzw. dem einen oder anderen Senioren sicherlich geweckt.

In Kombination mit einem Tagesausflug, z.B. in Städte wie Berlin, Potsdam, Berlin, Trier, Köln oder Nürnberg (je nach Lage der Tagespflege Einrichtung) erleben Seniorinnen und Senioren in Museen und ähnlichen Einrichtungen einige aufregende Stunden in umsorgender Begleitung.

Manchmal erfolgt auch die Fahrt in ein Restaurant, um dem gemeinsamen Essen einen neuen kulinarischen Schwung zu erteilen.

– Besuch von besonderen Gästen
Schlechtes Wetter oder eingeschränkte Mobilität müssen nicht gleichzeitig für Langeweile stehen: Spezielle Gäste wie Clowns, Bauchtänzerin oder Menschen mit Talenten erfreuen regelmäßig die Tagespflege-Besucher innerhalb der Einrichtung.

Vor den staunenden Augen der Besucher sorgt ein Zauberer für spannende Tricks, ein Bauchredner für Überraschung und ein Alleinunterhalter für einige laute Lacher und gute Stimmung.

Auch der Besuch von Therapiehunden wird gelobt und sorgt für neue anregende, positive Erfahrungen.

Die Vierbeiner beleben das Ambiente schon allein durch ihre Anwesenheit und erfreuen das Herz von Tagesgästen.

Streicheleinheiten und Kuscheln sind gern gesehen. Die soziale Interaktion mit dem Hund wirkt sich zusätzlich positiv auf die Seniorinnen und Senioren aus.

– Kombinationsangebote mit Angehörigen
Kombinierte Angebote für Angehörige und Tagesgäste runden das besondere Portfolio von Tagespflege Häusern ab.

Bei Ausflügen sind manchmal Verwandte oder Bekannte mit eingeladen und können so die Tagespflege hautnah miterleben.

Durch die Begleitung von Vertrauenspersonen aus dem persönlichen Umfeld genießen Tagesgäste eine zusätzliche Freude.

Räumlichkeiten

Die Räumlichkeiten einer Tagespflege Einrichtung sind meist in allen Niederlassungen ähnlich aufgebaut.

Neben einem Hauptraum, in dem gemeinsam gespeist und gespielt wird, gibt es mehrere Nebenräume, z.B. für Ruhezeiten oder die Aufteilung der Gäste in Untergruppen.

Viele Tagespflege Einrichtungen haben einen eigenen geschützten Hof oder Garten, der bei schönem Wetter aufgesucht werden kann. Ein Gymnastikraum ist ebenfalls oft Teil der Einrichtung.

Eine Küche, behindertengerechte Toiletten und Waschgelegenheiten sowie im Eingangsbereich ein Flur für die sichere Aufbewahrung von Jacken und Schuhen (falls Hausschuhe mitgebracht und angezogen werden) stehen außerdem zur Verfügung.

Hinzu kommen Aufenthaltsräume für das Pflegepersonal, die manchmal durch eigene Toiletten für Pflegende ergänzt werden.

Auf dem Grundstück gelegene Parkmöglichkeiten für die Transportfahrzeuge, für die Angehörigen und für die Mitarbeiter sind im Idealfall ebenso gegeben wie eine gute verkehrstechnische Anbindung.

Vorteile der Tagespflege

Welche Vorteile ergeben sich nun für die einzelnen Personengruppen, wie Tagesgäste, Angehörige und Investoren?

Vorteile für Seniorinnen und Senioren

Sicherlich haben Sie es bereits heraus gelesen: Für Seniorinnen und Senioren bietet die Tagespflege Abwechslung und kommunikative Geselligkeit – und damit bereits die ersten beiden großen Vorteile.

Weiterhin lockt die Möglichkeit, abends in die vertraute Umgebung der eigenen Wohnung oder des eigenen Hauses zurückkehren zu können, viel mehr Tagesgäste in eine Tagespflege als Bewohner in ein Pflegeheim.

Der abschreckende Gedanke "Hier muss ich für immer bleiben" fehlt bei der Tagespflege völlig.

Daher ist das Konzept auch für ältere Menschen interessant, die einem Altenpflegeheim skeptisch gegenüber stehen.

Mit der unabhängigen, flexiblen Besuchsweise (z.B. nur montags oder in unregelmäßigen Abständen) kann die Tagespflege gemäß der eigenen Bedürfnisse der Gäste besucht werden.

Öfter oder seltener, manchmal sogar spontan nach Lust und Laune.

Auch die Uhrzeit des persönlichen Erscheinens in der Tagespflege kann in der Regel frei gewählt werden. Natürlich muss hier aber abgewogen werden, ob sich ein Besuch ab mittags noch lohnt – denn das Ende ist meist fest vorgegeben.

Ein Fahrdienst nimmt Angehörigen die teilweise beschwerliche Pflicht, die Pflegebedürftigen in die Tagespflege zu fahren und von dort wieder abzuholen.

Im Gegensatz zur ambulanten Pflege werden die pflegerischen Tätigkeiten in der Tagespflege auch auf den psychosozialen Sektor ausgeweitet.

Ein offenes Ohr und eine starke Schulter stehen hier für jeden Tagesgast bereit.

In der Tagespflege gibt es keinerlei Verpflichtungen, abgesehen von den Ausflügen, die ein Tagesgast natürlich nicht einfach mittendrin verlassen kann.

Aber auch hier kann vorher individuell entschieden werden, ob man daran teilnehmen möchte.

Spiele, Übungen oder andere Aktivitäten innerhalb der Tagespflege Räumlichkeiten können jedoch auf Wunsch ausgelassen werden. Niemand wird zur Teilnahme verpflichtet, der eigene Wille und die Vorlieben eines jeden Gastes werden durch das Pflegepersonal berücksichtigt.

Das Selbstbewusstsein stärken und die Selbstbehauptung aufrecht erhalten, das geht ebenfalls in einer Tagespflege Einrichtung.

Gleichberechtigung wird ebenfalls groß geschrieben: Egal, ob körperlich oder geistig eingeschränkte Tagesgäste in der Einrichtung verweilen oder ob es sich um gesunde ältere Menschen handelt, das Pflegepersonal kümmert sich gleichermaßen liebevoll um alle Personengruppen.

Getreu dem Motto "Ich habe nichts zu verlieren", bieten die meisten Einrichtungen einen kostenlosen und unverbindlichen Schnuppertag an. Diese Möglichkeit eines Schnuppertages sollte man unbedingt nutzen.

Die potenziellen Tagesgäste können hier den Tagesablauf, das Personal und die anderen Besucher kennen lernen, ohne ein Risiko einzugehen.

Wenn körperlich oder geistig eingeschränkte Personen ihrem Heimaufenthalt unmittelbar entgegen sehen, ihn aber so lange wie möglich herauszögern möchten, kann die Tagespflege eine gute Möglichkeit der Überbrückung darstellen.

Das ist ebenfalls der Fall, wenn ein Pflege Heimplatz bereits angefragt wurde, aber noch nicht frei ist.

Auch, wenn die Pflege durch Angehörige nicht rund um die Uhr gegeben ist, weil sie beispielsweise berufstätig sind, können stark pflegebedürftige Personen in der Regel noch langfristig zuhause in den eigenen vier Wänden wohnen bleiben.

Tagsüber wird ihre Pflege in die Hände des fähigen Tagespflege Personals übergeben, abends übernehmen Angehörige die verbleibenden Tätigkeiten.

Die dauerhafte Heimunterbringung und die stationäre Pflege werden durch die Kombination aus
Tagespflege und Betreuung durch Angehörige
weitgehend verhindert bzw. sehr deutlich herausge-
zögert.

Die Kostenersparnis gegenüber eines stationären
Heimplatzes ist bei dieser Variante enorm.

Zusätzlich kann hier beispielsweise eine ambulante
Pflegehilfe beansprucht werden: Selbst mit dieser
Zusatzhilfe bewegen sich die Kosten noch weit
unter den Kosten für einen dauerhaften Pflege
Heimplatz.

Auch eine Mischung aus Kurzzeitpflege und Tagespflege ist möglich. Bei der Kurzzeitpflege ver-
bleiben Pflegebedürftige auch über Nacht in einer
stationären Einrichtung, erleben jedoch abwechslungsreiche Tage durch ihre Besuche in der Tagespflege.

Somit gibt es hier die Kombination aus stationärer
Pflege und den Vorteilen der Tagespflege.

Die Förderung verbliebener Talente ist ebenfalls
ein sehr positiver Aspekt des Tagespflege Konzep-

tes: Noch vorhandene motorische und geistige Fähigkeiten der Seniorinnen und Senioren werden spielerisch und ansprechend trainiert, das Voranschreiten demenzieller Erkrankungen wird durch aktive Gedächtnisspiele und gezielte Erinnerungs-Gesprächsrunden verzögert.

Auch können sportliche Übungen innerhalb der Einrichtung ergänzend zu einer Physiotherapie genutzt werden.

Da in einer Tagespflege Einrichtung mehrere Tagesgäste gleichzeitig verweilen, findet außerdem eine starke Förderung sozialer Kontakte statt.

Isolation oder Einsamkeit gibt es in einer guten Tagespflege nicht.

Abwechslung von Zuhause erleben Tagesgäste aber nicht nur durch die neuen Bekanntschaften, sondern auch durch spezielle Gäste (wie Hunde oder Alleinunterhalter), sowie durch die meist hell und freundlich seniorengerecht eingerichteten Räumlichkeiten.

Einsame Menschen lernen eine völlig neue, lebendige Atmosphäre kennen.

Der Spagat zwischen moderner Einrichtung und liebevoll ausgewählten Erinnerungsstücken aus früheren Zeiten gelingt vielen Tagespflege Einrichtungen, sodass sich Besucher schnell gut aufgehoben und auch ein wenig an ihre Kindheitstage und Jugendjahre erinnert fühlen.

Ein Gefühl der Akzeptanz im Kreise von Gleichgesinnten wartet in der Tagespflege ebenso auf die Seniorinnen und Senioren wie eine kompetente Unterstützung durch ausgebildete, einfühlsame Pflegekräfte.

Seniorinnen und Senioren erhalten in der Tagespflege außerdem Hilfestellungen, die sie in ihrem Alltag übernehmen können. Darunter fallen gemeinsam ausgeübte Haushaltstätigkeiten ebenso wie die Körperpflege oder die Durchführung bestimmter Pflichten, zum Beispiel im Garten.

Auch die Etablierung eines regelmäßigen Tagesablaufs findet statt.

Ein nicht ganz unwichtiger, positiver Nebeneffekt ist außerdem die Kostenersparnis: Durch den Aufenthalt in der Tagespflege Einrichtung sparen Tagesgäste während der Zeit in einer Tagespflege auch die Strom-, Heiz- und Wasserkosten der eigenen vier Wände.

Nachfolgend finden Sie die wichtigsten Vorteile für Tagesgäste noch einmal zusammengefasst:

- größter Vorteil gegenüber stationärer Pflege: abends Rückkehr in die eigenen vier Wände
- Tagesgäste können zuhause wohnen, auch wenn Pflege durch Angehörige nicht immer besteht
- Flexibilität bei der Auswahl von Tagen in der Tagespflege
- Flexibilität bei der Auswahl der Startzeit in der Tagespflege
- Heimunterbringung / stationäre Pflege wird verhindert
- Überbrückungsmöglichkeit bis zum Heimaufenthalt
- Ergänzung der Tagespflege zur Kurzzeitpflege möglich
- Schulung von Fähigkeiten (motorisch / geistig)
- Hilfestellung bei Fragen / Problemen
- Verzögerung des Fortschritts demenzieller Erkrankungen durch spezielle Übungen
- Ergänzung zur Physiotherapie
- Förderung sozialer Kontakte

- keine Isolation
- keine Einsamkeit
- Abwechslung von Zuhause
- Wechsel der Räumlichkeiten, neue Perspektiven
- Gefühl der Akzeptanz im Kreise von Gleichgesinnten
- Gleichberechtigung und Selbstbehauptung
- Unterstützung durch Pflegekräfte
- Abholung Zuhause möglich durch Fahrdienst (auch beispielsweise für Rollstuhlfahrer oder auf andere Weise eingeschränkte Gäste)
- Kostenersparnis (Wasser / Heizung)

Gegenüber des stationären Heimaufenthaltes und der ambulanten Pflege punktet die Tagespflege vor allem bei ihren Gästen durch diese vielen Annehmlichkeiten.

Vorteile für Angehörige

Nicht nur die Tagesgäste selbst, sondern auch die Angehörigen profitieren nicht unerheblich von den Leistungen einer Tagespflege für Senioren.

Als größter Vorteil wird die zeitweise Entlastung von der anstrengenden und aufreibenden Pflegepflicht gesehen, ohne die pflegebedürftige Person für immer in einer Einrichtung "abzuliefern".

Der sichere Gedanke, dass die zu pflegende Seniorin oder der zu pflegende Senior tagsüber in guten Händen ist, aber abends in das gewohnte Umfeld zurückkehrt, entlastet Angehörige ohne schlechtes Gewissen.

Das Gefühl, den älteren Menschen "abgeschoben" zu haben, bleibt bei der Tagespflege aus.

Die meisten Tagesgäste gehen sehr gern in die Tagespflege und vermitteln auch ihren Angehörigen das Gefühl, mit dieser Lösung glücklich und zufrieden zu sein. Wenn Angehörige abends ihre pflegebedürftigen Eltern oder Großeltern empfangen, färbt die Freude über den erlebten Tag meist noch auf sie ab.

Hinzu kommt die Annehmlichkeit für Berufstätige, dass die Berufsausübung nicht in Gefahr ist. Während der Arbeitszeiten kann der Pflegebedürftige in der Einrichtung verweilen, ähnlich wie die Kinder Berufstätiger es in einer Kindertagesstätte tun.

Aber auch für nicht berufstätige Pflegepersonen stellt die Tagespflege eine Entlastungsmöglichkeit dar:
Während dieser Zeit kann neue Kraft getankt werden, welche für eine liebevolle Pflege so wichtig ist.

Der Umgang, beispielsweise mit Demenzkranken, ist nicht immer einfach und oft kräftezehrend.

Manche Angehörige entwickeln zeitweise Wutgefühle gegenüber der pflegebedürftigen Person, wodurch eine gewisse Auszeit manchmal dringend erforderlich wird.

Die Tagespflege bietet diese Form der Auszeit.

Der zusätzliche Aufwand einer Fahrt zur Tagespflege, um den Senior oder die Seniorin morgens dort hinzubringen und abends wieder abzuholen, entfällt ebenfalls bei Inanspruchnahme des Fahrdienstes.

Dadurch, dass der Pflegebedürftige in der Tagespflege auf Gleichgesinnte trifft, wird der Angehörige nicht als einzige Gesprächs- oder Vertrauensperson bestehen bleiben und gewinnt somit ein weiteres Stück Freiheit.

Das Erlernen einer Tagesstruktur färbt unmittelbar auf die Tage ab, in denen eine Seniorin oder ein Senior nicht in einer Tagespflege Einrichtung zu Besuch ist und sorgt für eine zusätzliche Entlastung des Angehörigen.

Ebenso wird das Training verbliebener Fähigkeiten in der Tagespflege übernommen, das Kinder und Enkelkinder des Pflegebedürftigen in diesem Maße kaum übernehmen können.

Abgerundet werden die Vorteile für Angehörige durch gemeinsame Ausflüge mit den Tagesgästen und die vielen Informationsveranstaltungen, die auch um das Leben mit Demenzkranken oder körperlich eingeschränkten Menschen gezielt informieren.

Die Pflegepersonen lernen hilfreiche Tipps und gestalten dadurch das Leben der pflegebedürftigen Menschen so angenehm wie möglich. Nicht zuletzt lernen Angehörige durch die Angehörigen-Veranstaltungen der Tagespflege ebenfalls Gleich-gesinnte kennen und können ihre Erfahrungen und Erlebnisse untereinander austauschen.

Dadurch profitieren sie von den Erlebnissen anderer und finden womöglich auf diese Weise Freunde fürs Leben.

Nachfolgend finden Sie die größten Vorteile für Angehörige der Tagesgäste noch einmal im Überblick:

– zeitweise Entlastung von der Pflegepflicht ohne schlechtes Gewissen
– Zeit, zur Ruhe zu kommen und neue Kraft für die Pflege zu tanken
– kein Aufwand durch Fahrten
– Berufsausübung nicht in Gefahr, da Pflegebedürftige/r während der Arbeitszeiten in der Tagespflege verbleibt
– Glücksgefühle der zu pflegenden Person durch positive Erlebnisse in der Tagespflege färben ab
– neue Kontakte
– Profit durch Erfahrungen anderer
– Profit durch Informationsveranstaltungen in der Tagespflege (Umgang mit Alzheimer-Patienten, Tipps für die Tagesstrukturierung etc.)

Die Tagespflege als lukrative Investition

Die Tagespflege finanziert sich in erster Linie durch Investoren oder ein Ambulanter Pflegdienst oder Pflegeheimbetreiber investiert in eine eigene Tagespflege.

In der Regel fehlt bei Ambulanten Pflegdiensten jedoch das Know-how für die Projektentwicklung und für eine Immobilien Investition.

Aus diesem Grunde sollte immer ein erfahrener Projektentwickler und ein erfahrenes Architekturbüro für die Errichtung einer Tagespflege hinzugezogen werden. Hierbei können Sie den Autor gerne für eine Zusammenarbeit anfragen.

Neue Investoren, beispielsweise für den Bau einer weiteren Tagespflege Einrichtung, lassen sich manchmal nur schwierig finden.

Da jedoch der Gesetzgeber immer mehr die Ambulante Pflege vor der Stationären Pflege bevorzugt, können hier Immobilien Investitionen für Investoren in zunehmender Weise angemessen lukrativ sein.

Doch auch für Ambulante Pflegedienste und Pflegeheimbetreiber gibt es viele Vorteile für eine nachhaltige Investition in eine Tagespflege.

Als wichtigsten Grund für den Bau einer neuen Tagespflege, vielleicht in einer Gegend, in der noch keine besteht, wird die Investition für ältere Bürger und in einigen Fällen sogar für die eigene Zukunft gelobt.

Die zentrale Frage, die dahinter steht, lautet: "Möchte man selbst lieber in einem Pflegeheim oder einer Tagespflege Einrichtung verweilen?"

Die allerwenigsten Menschen freuen sich auf einen Lebensabend im Altersheim. Die tägliche Abwechslung in einer Tagespflege, die neuen Kontakte im gleichen Alter und die allabendliche Heimkehr in die eigenen vier Wände werden von vielen Menschen jedoch äußerst positiv gesehen und erlebt.

Wenn eine Tagespflege Einrichtung und das Konzept rund um diese Form der Altenbetreuung populär geworden ist, lässt die volle Auslastung und nicht selten auch eine Warteliste nicht lange auf sich warten. Der Bedarf für eine Erweiterung der bestehenden Tagespflege ist dann bereits abzusehen.

Die wenigsten Tagespflege Einrichtungen klagen über zu wenige Gäste.

Dennoch ist ein gutes Werbekonzept für die volle Auslastung einer neuen Einrichtung essentiell. Die Kosten für Werbung, Beratung und diverses Marketingmaterial sollten also unbedingt kalkuliert und investiert werden und als lohnende Investition betrachtet werden.

Ebenfalls entscheidend für eine erfolgreiche Tagespflege, bei der sich eine Investition schnell rentiert, ist die Lage der neuen Einrichtung. Sie sollte für die zukünftigen Tagesgäste gut erreichbar und behindertengerecht, also vor allem barrierefrei, gestaltet sein.

Außerdem ist die Nähe zu einem Park, Wald oder die Ausstattung in Form eines Gartens oder geschützten Innenhofes wünschenswert, sodass bei gutem Wetter Spaziergänge möglich sind oder zumindest während der Mittagsruhe draußen z.B. in gemütlichen Liegestühlen oder auch Strandkörben verweilt werden kann.

Ein Garten mit Blumenbeeten bietet die idealen Bedingungen für gemeinsame Gartenarbeiten, welche den meisten Tagesgästen besonders viel Freude machen. Die Räumlichkeiten sollten indes hell und freundlich sein, wodurch eine einladende Atmosphäre geschaffen wird.

Von vorneherein sollte beim Bau einer neuen Tagespflege Einrichtung darauf geachtet werden, dass möglichst wenige Umbaumaßnahmen im Laufe der Jahre vorgenommen werden müssen. Grob muss mit einer Investition von ca. 3.000 bis 4.000 Euro je zukünftigem Gast bei anstehenden Umbaumaßnahmen gerechnet werden.

Dabei handelt es sich um variable Kosten, abhängig von der geplanten Gruppengröße. Diese Investition rentiert sich aber meist schnell: in der Regel ab einer Auslastung der Niederlassung von 75 %. Hinzu kommt die Möglichkeit, sich durch einen wirtschaftlichen Pflegedienst ergänzend unterstützen zu lassen.

Wenn dieser für die neue Tagespflege zuständig ist, können Teile der Erstfinanzierung durch diesen Dienst getragen und die damit einhergehenden steuerlichen Vorteile gewinnbringend genutzt werden.

Die Verluste aus der Anlaufphase werden in dieser Variante mit den Gewinnen aus dem Pflegedienst verrechnet, wodurch sich für Investoren der Tagespflege eine nicht unerhebliche Steuerersparnis ergibt.

Die Investition in das Tagespflege-Konzept ist also durchaus eine Überlegung wert.

Nachfolgend finden Sie die wichtigsten Vorteile für Investoren einer Tagespflege Einrichtung auf einen Blick:

- Investition für ältere Bürger und für eigene Zukunft
- Investition abhängig von der Anzahl zukünftiger Tagesgäste, daher variabel
- rentiert sich bereits ab einer anschließenden Auslastung von 75 %
- die wenigsten Einrichtungen haben Gästemangel; daher schnelle Amortisierung der investierten Kosten

Herr Ingo Noack berät Sie gerne bei der Konzeption, Planung, Errichtung, Betrieb und Marketing einer Tagespflege Einrichtung bundesweit.

Senden Sie mir einfach eine eMail unter in@smnb.de und ich melde mich bei Ihnen.

Interviews über die Erfahrungen zur Tagespflege

Einige Interviews aus erster Hand sollen die Tagespflege nun aus unterschiedlichen Perspektiven beleuchten. Beachtet wurden für die Auswahl möglichst verschiedene Personengruppen, um einen vielseitigen Eindruck von dem Konzept Tagespflege zu erhalten.

1. Tagespflege Besucherin mit Demenz, körperlich fit

Die Tagespflege-Besucherin wurde im Jahr 1931 geboren und hat Pflegestufe 1 mit Demenz. Sie wohnt allein, hat aber das Privileg, ihre Tochter und Enkelin in den Häusern nebenan zu wissen.

Sie besucht seit drei Jahren Tagespflege Einrichtungen, wobei sie nach knapp acht Monaten die erste Tagespflege Einrichtung gewechselt hat. In der ersten Einrichtung lag der Fokus auf ruhigeren Aktivitäten, welche für die Seniorin schnell langweilig wurden, da sie einen sehr ausgeprägten Bewegungsdrang hat und schnell unruhig wird.

In der zweiten Tagespflege Einrichtung gefällt es ihr aber sehr gut. Sie besucht diese dreimal wöchentlich, jeweils von 9 bis 16 Uhr. Es wurde auf ihren Wunsch hin so geregelt, dass der Fahrdienst sie überall mit hin nimmt, bevor sie nach Hause gefahren wird, damit sie noch ein wenig länger in Gesellschaft ist.

Wenn die Dame abends aus der Tagespflege heimkehrt, kümmern sich ihre Tochter, ihr Schwiegersohn und ihre Enkelin abwechselnd um sie. Sie leidet stark unter Einsamkeit und möchte am liebsten dauernd jemanden um sich haben. Daher erfolgt, ergänzend zu den Tagen in der Tagespflege, der Besuch einer Pflegekraft an zwei weiteren Tagen in der Woche.

Frage: "Was gefällt Ihnen an der Tagespflege am Besten?"

Antwort: "Das Essen! (lacht) Nein, wirklich, das Essen ist fantastisch, darauf freue ich mich jedes Mal. Es ist immer sehr lecker und reichlich. Außerdem müssen wir nur in Gesellschaft da sitzen und werden bedient.

Aber an der Tagespflege gefällt mir eigentlich alles. Besonders mag ich es, wenn eine der Schwestern für uns in einem ruhigen Raum aus der Tageszeitung vorliest. Das hat etwas Beruhigendes und außerdem bleibt man so auf dem Laufenden, was in der Welt passiert."

Frage: "Mögen Sie denn auch die etwas fordernden Übungen, zum Beispiel im sportlichen Bereich?"

Antwort: "Ach ja, die sind auch schon mal schön. Gern mache ich auch Übungen mit dem Ball, dafür kommt meist extra eine neue Schwester in die Tagespflege."

Frage: "Wenn Sie einmal zu etwas keine Lust haben, müssen Sie dann daran teilnehmen oder haben Sie Wahlmöglichkeiten?"

Antwort: "Nein, man muss nichts machen. Aber es kommt selten vor, dass überhaupt mal jemand nein sagt. Wir bekommen immer mindestens drei Sachen vorgeschlagen, von denen wir uns dann eine aussuchen dürfen. Dabei gibt es nie Probleme mit der Aufteilung. Jeder kann machen, was er am liebsten möchte."

Frage: "Verstehen Sie sich gut mit den anderen Gästen?"

Antwort: "Ja. Es ist schön, dass die Gruppen immer gleich bleiben."

Frage: "Gefällt Ihnen die Regelmäßigkeit der Tagespflege?"

Antwort: "Ja. Ich mag die Sitzordnung, weil sie gleich bleibt. In der früheren Einrichtung gab es sie nicht. Ich mag es nicht, mir jedes Mal einen neuen Platz suchen zu müssen. Das ist jetzt besser."

Frage: "Was sagen Sie zum Personal?"

Antwort: "Das Personal ist immer sehr lieb mit uns Gästen und auch die Busfahrer sind sehr einfühlsam und lustig. Wenn ich abends nach Hause komme, bin ich meist traurig, weil der Tag so schön war."

Frage: "Hilft das Personal auch beispielsweise beim Toilettengang?"

Antwort: "Ja, ich glaube schon. Ich brauche da keine Hilfe, aber manchmal fragt jemand, ob eine Schwester mit zur Toilette geht, das findet dann auch statt."

Frage: "Gibt es etwas, das Sie an der Tagespflege nicht mögen?"

Antwort: "Hm, eigentlich nicht. (überlegt) Wobei ich es manchmal nicht mag, so früh morgens abgeholt zu werden. Manchmal bin ich dann noch schlecht gelaunt und habe keine Lust auf die Tagespflege. Wenn ich dann dort bin, ist es aber meist schnell besser."

Frage: "Würden Sie gern häufiger oder seltener hingehen?"

Antwort: "Manchmal ist mir dreimal die Woche zu viel, aber zuhause ist mir auch zu langweilig. Früher war ich zweimal die Woche da und hatte dann oft schlechte Laune an den anderen Tagen. Deshalb finde ich es ganz gut so, wie es jetzt geregelt ist."

Frage: "Wenn es möglich wäre, würden Sie dann die Tagespflege auch über Nacht besuchen?"

Antwort: "Nein, ich möchte gern zuhause schlafen."

2. Tagespflege Besucherin ohne Demenz, körperlich eingeschränkt durch Morbus Parkinson und eine Gehbehinderung

Die Tagespflege Besucherin wurde im Jahr 1936 geboren und hat Pflegestufe 1 ohne Demenz. Sie wohnt gemeinsam mit ihrem Mann in einem Haus, in dem auch ihr Sohn eine Wohnung hat. Auch ihre Tochter kommt regelmäßig zu Besuch.

Seit rund zwei Jahren besucht sie eine Tagespflege Einrichtung, die sie nie gewechselt hat. Dienstags und Donnerstags ist sie dort von 8 bis 16 Uhr Gast. Ihr Mann fährt sie hin und holt sie auch wieder ab.

Frage: "Was gefällt Ihnen an der Tagespflege am Besten?"

Antwort: "Die netten Menschen und die Gesellschaftsspiele."

Frage: "Mögen Sie denn auch die etwas fordernden Übungen, zum Beispiel im sportlichen Bereich?"

Antwort: "Nein, nicht so, denn damit tue ich mich doch etwas schwerer als die anderen. Die Schwestern sind dann immer lieb und meinen, ich muss nicht mitmachen, aber ich versuche es trotzdem. Ich kann es nicht leiden, wenn ich etwas nicht gut kann."

Frage: "Wenn Sie einmal zu etwas keine Lust haben, müssen Sie dann daran teilnehmen oder haben Sie Wahlmöglichkeiten?"

Antwort: "Ich kann mir fast immer zwischen mindestens zwei Sachen etwas aussuchen. Ich bin froh, wenn ein Gesellschaftsspiel dabei ist, denn das mag ich besonders."

Frage: "Verstehen Sie sich gut mit den anderen Gästen?"

Antwort: "Ja, aber wir sehen uns immer nur in der Tagespflege. Ich fände es schön, wenn man sich auch außerhalb einmal besuchen würde."

Frage: "Gefällt Ihnen die Regelmäßigkeit der Tagespflege?"

Antwort: "Ja, aber ich mag auch die besonderen Dinge. Letztens war ein Clown da, der uns Luftballontiere gebastelt hat, das fand ich sehr spannend und er war sehr lustig."

Frage: "Was sagen Sie zum Personal?"

Antwort: "Sehr liebe Menschen und immer hilfsbereit."

Frage: "Hilft das Personal auch beispielsweise beim Toilettengang?"

Antwort: "Ja, darüber bin ich froh, denn allein ist es mir nicht mehr möglich."

Frage: "Gibt es etwas, das Sie an der Tagespflege nicht mögen?"

Antwort: "Wenn ich bei den Sportübungen nicht mitmachen kann oder die Schlechteste bin."

Frage: "Würden Sie gern häufiger oder seltener hingehen?"

Antwort: "Nein. Häufigere Besuche würden mich zu sehr anstrengen."

Frage: "Wenn es möglich wäre, würden Sie dann die Tagespflege auch über Nacht besuchen?"

Antwort: "Nein, ich möchte lieber zuhause schlafen."

3. Tagespflege Besucher ohne Demenz, körperlich fit

Der Tagespflege Besucher wurde im Jahr 1939 geboren und hat weder eine Pflegestufe noch eine Demenz. Er ist körperlich sehr fit, geht gern wandern und hält sich auch beispielsweise mit Kreuzworträtseln und englischsprachigen Büchern geistig fit.

Er wohnt allein und hat außer einer in Spanien lebenden Tochter keine Angehörigen mehr. Seit sechs Jahren besucht er verschiedene Tagespflege Einrichtungen. Die erste Einrichtung gefiel ihm nicht, weil seiner Meinung nach zu wenig unternommen wurde.

In der zweiten Einrichtung fand er kaum Gleichgesinnte, mit denen er sprechen konnte. Nun ist er seit vier Monaten in einer neuen Einrichtung, die ihm bisher gut gefällt. Er hat dort auch einen sehr guten Freund gefunden, der mit ihm in seiner Freizeit wandern geht.

Die Tagespflege besucht der Senior täglich und reist selbst mit öffentlichen Verkehrsmitteln an.

Frage: "Was gefällt Ihnen an der Tagespflege am Besten?"

Antwort: "Das ist schwierig zu sagen. Ich besuche sie hauptsächlich, um neue Kontakte zu knüpfen und das ist mir nun nach einigen Wechseln auch gelungen. Allerdings finde ich auch die Gruppenaktivitäten wie gemeinsames Handwerken oder die Gartenarbeiten gut. Nicht zu verachten ist außerdem das Essen, es ist immer wieder ein Genuss."

Frage: "Mögen Sie denn auch die etwas fordernden Übungen, zum Beispiel im sportlichen Bereich?"

Antwort: "Oh ja, denn darin bin ich gut. (lacht)"

Frage: "Wenn Sie einmal zu etwas keine Lust haben, müssen Sie dann daran teilnehmen oder haben Sie Wahlmöglichkeiten?"

Antwort: "Ich kann immer wählen, meistens entscheide ich mich für etwas Sportliches oder, wenn es dabei ist, Singen. Ich war früher im Männerchor und vermisse das manchmal wirklich. Da ist es schön, in einer größeren Gruppe gemeinsam zu singen."

Frage: "Verstehen Sie sich gut mit den anderen Gästen?"

Antwort: "Ja, sehr gut. Ich habe hier, glaube ich, einen Freund fürs Leben gefunden. Wir kennen uns noch nicht lange, aber es geht ihm ähnlich wie mir. Wir wandern oft zusammen am Wochenende, wenn die Tagespflege Pause macht."

Frage: "Gefällt Ihnen die Regelmäßigkeit der Tagespflege?"

Antwort: "Manchmal ja, manchmal nein. Ein wenig mehr Abwechslung könnte manchmal nicht schaden. Aber das Personal ist immer bemüht, dass sich alle wohl fühlen."

Frage: "Was sagen Sie zum Personal?"

Antwort: "Wie gesagt, sie sind bemüht und sehr liebevoll. Sie kümmern sich natürlich in erster Linie um die Pflegebedürftigen. Ich bin froh, dass ich darauf noch nicht angewiesen bin (klopft auf den Tisch)."

Frage: "Hilft das Personal auch beispielsweise beim Toilettengang?"

Antwort: "Ja, wenn man es möchte und danach fragt."

Frage: "Gibt es etwas, das Sie an der Tagespflege nicht mögen?"

Antwort: "Ich wüsste jetzt nichts. Außer, dass es eben manchmal ein bisschen langweilig wird, aber das ist nur meine persönliche Meinung.

Frage: "Würden Sie gern häufiger oder seltener hingehen?"

Antwort: "Ich schöpfe die möglichen Besuche komplett aus. Ich habe zum Glück eine gute Rente und kann mir das leisten. Wenn ich aus Geldgründen seltener gehen müsste, wäre ich sehr traurig.

Wenn ich zuhause bin, verfalle ich oft in Depressionen und bin sehr einsam. Wenn ich könnte, würde ich täglich – also auch am Wochenende und an Feiertagen – unter Menschen sein."

Frage: "Wenn es möglich wäre, würden Sie dann die Tagespflege auch über Nacht besuchen?"

Antwort: "Ja, auf jeden Fall. Ich mag die Gesellschaft von Menschen und auch nachts wäre das

Gefühl schön, nicht allein zu sein. Ein Pflegeheim käme für mich aber nicht in Frage, dazu fühle ich mich noch zu jung (lacht)."

4. Angehörige (Tochter) einer Tagespflege Besucherin mit Demenz (siehe Interview Nummer 1)

Die Tochter der Tagespflege-Besucherin mit Demenz wurde im Jahr 1960 geboren und übernimmt seit 2012 die Pflege ihrer Mutter. Der Pflegebedarf hat seit etwa einem Jahr stark zugenommen. Da sie die einzige Tochter ist, bleibt die Leistung "an ihr hängen", allerdings findet sie Unterstützung in ihrem Mann und ihrer Tochter. Dennoch ist sie die Haupt-Bezugsperson der Pflegebedürftigen.

Selbst, wenn beispielsweise eine Freundin zu Besuch ist, sehnt sich die Pflegebedürftige stark nach ihrer Tochter und entwickelt ein "klammerndes" Verhalten. Dadurch wird die Pflege der Mutter oft zur Belastung für die Tochter.

Die Tagespflege ist eine willkommene Pause für die Pflegende. Ergänzend wird die Pflegebedürftige von einer Dame eines ambulanten Pflegedienstes besucht, welche mit ihr einkaufen geht, in ein Café fährt oder Gesellschaftsspiele spielt.

Frage: "Was gefällt Ihnen an der Tagespflege am Besten?"

Antwort: "Ich finde das Pflegepersonal äußerst sympathisch und die Räumlichkeiten sind wirklich schön hergerichtet. Man merkt, dass die Leute mit Herzblut dabei sind. Dadurch, dass es nur 26 Gäste pro Tag gibt, wird jeder Einzelne wertgeschätzt."

Frage: "Wie erleben Sie Ihre Mutter, wenn sie aus der Tagespflege zurückkehrt?"

Antwort: "Sie ist wie ausgewechselt. Morgens, wenn ich ihr helfe, sich für die Tagespflege fertig zu machen, ist sie meistens motzig und möchte lieber zuhause bleiben. Auch hat sie oft irgendwelche Wehwehchen, klagt über Kopfschmerzen oder Hüftschmerzen. Wenn sie zurückkommt, ist das alles vergessen. Dann berichtet sie immer glücklich über den Tag."

Frage: "Wie profitieren Sie von der Tagespflege?"

Antwort: "So hart es jetzt klingt, ich bin froh, wenn meine Mutter mal ein paar Stunden weg ist. Ich wohne direkt neben ihr und das Telefon klingelt nahezu stündlich. Ich weiß, dass sie sehr einsam ist, aber manchmal nervt es wirklich. In der Tagespflege weiß ich sie in guten Händen und kann auch nochmal mit Freunden in die Stadt fahren oder einfach mal nichts tun und entspannen."

Frage: „Käme auch ein Pflegeheim für Ihre Mutter in Frage?"

Antwort: „Sie sagt immer: Mich bekommt man lebend nicht aus meinem Haus". Ich denke auch nicht, dass sie in einem Pflegeheim glücklich wird. Sie ist zwar nicht gern allein, aber mag doch ihr gewohntes Umfeld. Sie ist sehr heimatverbunden, war ihr Leben lang hier im Dorf.

Solange hier alles eine gewisse Regelmäßigkeit hat, ist sie zufrieden. Einmal musste sie für eine Woche ins Krankenhaus, danach ging es drunter und drüber, weil man sie total aus ihrem Rhythmus gerissen hat. Sie braucht einfach eine feste Tagesstruktur, und die gibt es in der Tagespflege."

Frage: „Wie haben Sie von der Tagespflege erfahren?"

Antwort: „Durch eine liebe Freundin, deren Mutter schon seit der Eröffnung der betroffenen Einrichtung die Tagespflege besucht. Sie meinte, ob das nicht auch etwas für meine Mutter sei und dann haben wir es einfach mal ausprobiert."

Frage: „Wie finanzieren Sie die Tagespflege?"

Antwort: „Meine Mutter hat Pflegestufe 1 mit Demenz. Dadurch erhält sie von der Pflegekasse einen monatlichen Betrag. Hinzu kommt der Satz aus der sogenannten Verhinderungspflege. Hier habe ich einen entsprechenden Antrag gestellt, um mich als Pflegeperson zu entlasten. Meist müssen wir – trotz drei wöchentlichen Besuchen – am Ende des Monats nichts zuzahlen.

Dabei inbegriffen ist sogar zusätzlich noch der Besuch einer Dame vom Ambulanten Pflegedienst, sie kommt zweimal pro Woche ergänzend zur Tagespflege. In seltenen Fällen mussten wir zwischen 20 und 40 Euro zuzahlen. Ein sehr geringer Preis für die Leistung, die wir bekommen – denn meine Mutter geht so gern dahin und ich habe dadurch etwas Zeit und Ruhe für mich."

Frage: „Würden Sie Ihre Mutter gern öfter in die Tagespflege bringen?"

Antwort: „Nein, ich denke, das würde ihr dann zu viel. Sie ist zwar immer froh, in der Tagespflege sein zu können, aber manchmal fühlt sie sich auch etwas überfordert. Ich glaube, es kam bisher zweimal vor, dass sie morgens so unruhig war, dass wir in der Tagespflege angerufen haben, ob sie kommen kann. Einmal war es möglich, weil jemand abgesprungen war, einmal jedoch nicht. Die Tagespflege ist sehr beliebt und meist bis auf den letzten Platz besetzt."

Frage: „Was macht Ihre Mutter außerhalb der Tagespflege?"

Antwort: „Sie ist oft sehr unruhig, kann nicht still sitzen und muss immer etwas zu tun haben. Ich überlege mir immer kleine Aufgaben für sie, wie Fotos sortieren oder eine Tischdecke besticken. Sie ist sehr ordentlich und putzt viel, das muss ich also noch nicht übernehmen.

Dadurch, dass sie neben der Demenz noch ein wenig Schwerhörig ist, ist es mühsam, mit ihr zu sprechen. Leider haben sich deshalb einige ihrer Schulfreundinnen, die sie seit über 50 Jahren kennt, zurückgezogen, das ist sehr schade.

Aber eine Frau vom Pflegedienst kommt vorbei, um mit ihr zu spielen und auch meine Tochter steht für ein Mensch-Ärgere-Dich-Nicht gern bereit."

Frage: „Worin liegt Ihrer Ansicht nach der größte Vorteil einer Tagespflege?"

Antwort: „Ganz klar: Darin, dass meine Mutter abends nach Hause kommt. Für mich bedeutet das zwar abends mehr Stress, aber für meine Mutter gäbe es keine bessere Lösung. Sie möchte einerseits etwas erleben und unter Menschen sein, aber andererseits ihr Haus nicht aufgeben.

Wenn es die Tagespflege nicht gäbe, würde sie den ganzen Tag nur herumlungern, fernsehen und sich beschweren, dass sie zu einsam ist. Denn in ein Pflegeheim würde sie wirklich nur gehen, wenn sie keinen anderen Ausweg mehr weiß.

Ich bin sehr froh, dass es die Tagespflege gibt und dass wir dort noch einen festen, regelmäßigen Platz für sie ergattern konnten. Denn so viel ich weiß, ist die Einrichtung, wo sie hingeht, dauernd ausgebucht."

5. Pflegerin in der Tagespflege

Die Pflegerin wurde 1984 geboren, ist seit 2006 Altenpflegerin und hat zunächst in einem Pflegeheim gearbeitet. Seit 2014 ist sie in einer zu dieser Zeit eröffneten Tagespflege Einrichtung beschäftigt. Sie kann daher die verschiedenen Varianten der Altenbetreuung optimal einander gegenüberstellen.

Frage: „Wie haben Sie die alten Menschen im Pflegeheim erlebt?"

Antwort: „Die meisten habe ich als sehr glücklich und dankbar erlebt. Viele vermissten aber auch ihr Zuhause. Vor allem die Damen waren sehr gesprächig und haben sich gefreut, wenn man sich Zeit für ihre Sorgen und Nöte nehmen konnte. Leider war das personalbedingt nicht immer möglich. Über 80 Bewohner stellten uns vor eine Herausforderung."

Frage: „Wie erleben Sie die alten Menschen in der Tagespflege?"

Antwort: „Oh, auch hier wird sehr viel gelacht und geredet – ich wage mal zu behaupten, dass es sogar lebendiger zugeht als im Pflegeheim. Wir haben hier rund 30 Gäste am Tag und eine sehr bunte Truppe aus gesunden und eingeschränkten Menschen, die aber meistens super miteinander interagieren."

Frage: „Sind Sie gern in der Tagespflege beschäftigt?"

Antwort: „Oh ja, ich finde es gut, dass wir eine gleich bleibende Gruppe haben und es weniger Gäste als Bewohner im Pflegeheim gibt. So kann man individueller auf jeden Gast eingehen und auch mal nachfragen, ob alles in Ordnung ist oder ein Wunsch besteht.

Manchmal werden wir auch gezielt nach unserer Meinung zu etwas gefragt, das finde ich schön, denn das bedeutet Vertrauen der Gäste zu uns. Unser Konzept legt den Fokus auf vielseitige Beschäftigungen. Oft treffen wir Pflegerinnen uns privat.

Die besten Ideen für eine Bastelstunde oder ein neues Spiel kommen uns dann gemeinsam. Wir können kreativ sein und die Gäste mit immer neuen Ideen überraschen, das gefällt mir an meinem Job richtig gut."

Frage: „Was hat Sie am Beruf der Altenpflegerin gereizt?"

Antwort: „Das klingt jetzt so abgedroschen, aber der Kontakt mit Menschen und das Gefühl, gebraucht zu werden. Ich möchte den älteren Menschen etwas Gutes tun und ihnen in der Tagespflege einen tollen Tag ermöglichen – egal, wie ihre körperliche oder mentale Verfassung ist. Wir machen viele Fotos für unser internes Tagespflege Magazin. Wenn wir all die strahlenden Gesichter sehen, wissen wir, wir haben unseren Job richtig gemacht."

Frage: „Gibt es manchmal auch Probleme?"

Antwort: „Klar gibt es manchmal Streit bei den Besuchern – das bleibt in der für eine Tagespflege doch recht großen Gruppe aber auch nicht aus. Wir versuchen dann, zu schlichten. Aber Streit bedeutet auch Leben. Es hilft auch schon mal, die Gruppe in einzelne Untergruppen aufzuteilen. Beispielsweise, wenn eine Gruppe Memory spielt und die andere etwas bastelt.

Es kommt auch schon mal vor, dass jemand schlecht gelaunt ist und am liebsten in Ruhe gelassen werden möchte. Das akzeptieren wir natürlich.

Die Person kann sich dann in den Ruheraum zurückziehen oder je nach Stärke des Personals auch mal eine Runde mit einer Pflegerin spazieren gehen."

Die Interviews zeigen, dass das Konzept Tagespflege insbesondere von den unmittelbar betroffenen Personengruppen ausschließlich – oder zumindest überwiegend – positiv wahrgenommen wird. Die Nachteile treten im Vergleich zu den Vorteilen deutlich in den Hintergrund.

Zieht man nun zum Vergleich Pflegeheime heran, so kann das Konzept Tagespflege noch einmal in besonderem Maße zusätzlich punkten: Denn die meisten der Tagespflegebesucher lehnen einen Besuch über Nacht ab. Sie loben die Tatsache, dass abends ihr eigenes Bett zuhause auf sie wartet.

Auch die Pflegerin nimmt die Tagesgäste als zufrieden und ausgeglichen wahr. Je nach Größe der Einrichtung ergibt sich außerdem der besonders große Vorteil der sehr individuellen, personenbezogenen Betreuung.

Varianten der Tagespflege & Anmeldeprozess

Varianten
Weniger bekannte Varianten der Tagespflege schließen andere Alters- und Personengruppen mit ein. So gibt es beispielsweise die Kindertagespflege und die Pflege für behinderte Erwachsene. Diese beiden Varianten laufen nach demselben Schema der in diesem Buch vorgestellten Tagespflege für Seniorinnen und Senioren ab.

In der Kindertagespflege werden Kinder von morgens bis nachmittags in eine Einrichtung gebracht. Dort gibt es verschiedene Aktivitäten (Spiele, Sportübungen, Ausflüge, Bastelarbeiten usw.) sowie die leibliche Versorgung und Betreuung durch geschultes Personal.

Nachmittags kehren die Kinder dann in ihre Familien zurück. Dadurch lernen sie andere Kinder und das Leben in Gesellschaft kennen und werden gezielt hinsichtlich ihrer zu entwickelnden Fähigkeiten gefördert. Im Bereich der Tagespflege für körperlich oder geistig eingeschränkte Erwachsene sieht dies nicht anders aus. Das Konzept der tagesbezogenen Betreuung ist daher nicht neu.

Aktiv werden

Hat Sie das Konzept Tagespflege für Seniorinnen und Senioren überzeugt?

Der Ausbau von Tagespflege Einrichtungen nimmt stetig zu. Sicherlich gibt es auch eine Tagespflege Einrichtung in Ihrer Nähe.

Der oftmals integrierte Fahrdienst deckt außerdem meist einen großen Umkreis ab, in denen er Tagesgäste für den Tag in der Tagespflege abholt.

Erfahrungsgemäß wird das größte Problem sein, kurzfristig einen freien Platz für den Interessenten oder die Interessentin zu ergattern: Wenn eine Tagespflege einmal bekannt geworden ist, sind ihre Plätze in der Regel schnell ausgebucht. Schnuppertage werden aber normalerweise jederzeit gern und unkompliziert angeboten.

Dadurch erfahren Sie schon einmal, ob das Konzept Tagespflege überhaupt das Richtige für Sie ist. Bei der Suche nach einer Tagespflege Einrichtung werden Sie auch auf unserer Tagespflege Internet Seite www.Tagespflege-Senioren.de fündig.

Aber auch Ambulante Pflegedienste, deren Dienste ohnehin oft ergänzend zu einer Tagespflege genutzt werden, helfen Ihnen gerne bei der Suche für die richtige Tagespflege weiter.

Öffentliche Stellen wie das Sozialamt oder spezialisierte Ärzte können ebenfalls hilfreiche Tipps bei der Suche nach einer passenden und freien Tagespflege Einrichtung darstellen. Auch das Internet ist eine nicht zu vernachlässigende Hilfe.

Hier finden sich manchmal sogar schon Erfahrungsberichte, welche das Leben in der Tagespflege gut beschreiben. Außerdem finden Sie auf unserer Internet Seite eine Liste verschiedener Einrichtungen.

Bei der Wahl der Einrichtung sollten Sie sich neben der Platzverfügbarkeit die folgenden Fragen stellen:

– Ist die Tagespflege Einrichtung auf die Bedürfnisse des Interessenten / der Interessentin eingestellt (z.B. bei besonders aufwändigem Pflegebedarf)?
– Wie groß ist die Gruppe der Einrichtung? Bevorzugt der Interessent / die Interessentin eine große

Gruppe oder lieber kleinere Zusammensetzungen?

– Gibt es ausreichend Personal für die Gruppengröße?

– Gibt es einen Schwerpunkt der Einrichtung (z.B. Fitnessübungen oder eher Gesellschaftsspiele) und passt dieser zum Interessenten / zur Interessentin?

– Kann die Finanzierung bewältigt werden? Welche Finanzierungshilfen stehen zur Verfügung?

– Wie sieht es bei Nichtgefallen mit einer Kündigung aus (Fristen)?

Wenn Sie eine Einrichtung gefunden haben, fragen Sie am besten zunächst nach Informationsangeboten für Angehörige und Tagesgäste.

Viele Tagespflege Einrichtungen bieten hierfür sogar eigene Veranstaltungen an, welche beispielsweise einen typischen Tagesablauf vorstellen und über Aufnahmekriterien informieren.

Eine informative Broschüre lässt sich außerdem sicher überall finden, da die meisten Tagespflege Einrichtungen auf ein gutes Werbeangebot angewiesen sind. Vielleicht zählen Sie aber auch zu den Glücklichen, die bereits Menschen kennen, welche eine Tagespflege gefunden haben und Ihnen wertvolle Insider-Tipps liefern können.

– Antrag auf Kostenübernahme und Anmeldung
Vor der Anmeldung in einer Tagespflege steht die
Frage der Kostenübernahme im Raum.

Ist der zukünftige Tagesgast pflegebedürftig, erhält
aber diesbezüglich noch keine finanzielle Unterstützung, sollte ein entsprechender Antrag auf eine
Pflegestufe bei der Pflegekasse gestellt werden.

Innerhalb von fünf Wochen nach Eingang des An-
trages bei der Pflegekasse erhält der Antragsteller
eine Rückantwort, in der die Entscheidung über die
Einstufung der Pflegekategorie mitgeteilt wird.
Entsprechend dieser Entscheidung fallen die monatlichen Zuschüsse aus; siehe hierfür auch das
Kapitel „Aktuelle Situation", welches Aufschluss
über die aktuellen Zuschussbeträge gibt.

Der Anspruch auf Leistungen seitens der Pflegekasse besteht jedoch nur dann, wenn in den letzten
10 Jahren mindestens zwei Jahre lang in die Pflegekasse eingezahlt wurde. Alle drei Jahre werden
die Leistungen entsprechend der allgemeinen
Preisentwicklung angeglichen.

Um die Einschätzung der Pflegestufe vornehmen
zu können, wird in der Regel der Medizinische

Dienst der Krankenversicherung (MDK) den betroffenen Senior oder die betroffene Seniorin besuchen und sich ein Bild über den Pflegebedarf machen.

Angehörige können sich mit Hilfe eines Pflegetagebuchs auf diese Begutachtung vorbereiten und sämtliche, geleistete Pflegetätigkeiten vorab dokumentieren. Das erleichtert den Vorgang ungemein.

– Ergänzende Kostenübernahme: Sozialhilfe oder Verhinderungspflege
Sobald der Antrag auf Pflegestufe abgeschlossen wurde, kann anhand des zur Verfügung gestellten Betrags berechnet werden, wie viele Besuche der Tagespflege innerhalb eines Monats ohne eigene Zuzahlung möglich sind.

Bei Bedarf und je nach Situation der Seniorin oder des Seniors ist auch, wie bereits erwähnt, ein Antrag auf Sozialhilfe möglich. Hinzu kommt die Möglichkeit der Inanspruchnahme der Verhinderungspflege für die Pflegeperson. Diese greift, wenn aus gesundheitlichen oder anderen Gründen keine dauerhafte Pflege seitens der Angehörigen möglich ist und kann den Zuschuss der Pflegekasse um 50 % erweitern.

Die Kostenerstattung beläuft sich auf Verhinderungspflege für maximal sechs Wochen im Kalenderjahr bis zum jeweiligen Höchstbetrag. Auch hier gibt es eine Voraussetzung: Die Pflegeperson muss den oder die Pflegebedürftig(e) mindestens sechs Monate in seinem/ihrem Haus oder seiner/ihrer Wohnung gepflegt haben. In der Regel gibt es auch bei Demenzkranken ohne Pflegestufe die Möglichkeit, eine Verhinderungspflege zu beantragen.

Neben der Verwendung des zusätzlichen Betrags für die Tagespflege ist auch eine Anwendung bei Ambulanten Pflegediensten denkbar, so dass eine auf die individuellen Bedürfnisse zugeschnittene Kombination aus Tages- und ambulanter Pflege realisiert werden kann.

Anmeldung in der Tagespflege

In den meisten Einrichtungen findet vor dem konkreten Anmeldeprozess zunächst ein unverbindliches Beratungs- und Informationsgespräch statt. Das dient dem beiderseitigen Kennenlernen von potenziellem Gast und Tagespflegeleitung und gibt Aufschluss darüber, mit welchen Erwartungen der Interessent oder die Interessentin einer Tagespflege gegenüber steht.

Das Informationsgespräch kann klären, ob und inwiefern diese Vorstellungen erfüllt werden können. Außerdem kann das Pflegepersonal den Gesundheitszustand des eventuellen Gastes einschätzen und gemäß der vorhandenen Rahmenbedingungen entscheiden, ob eine Aufnahme möglich ist.

In manchen Einrichtungen können bestimmte Personengruppen nicht betreut werden, da sie beispielsweise einen deutlich höheren medizinischen Versorgungsbedarf haben, als er vom Tagespflegepersonal gewährleistet werden kann.

Psychisch erkrankte Gäste, bei denen eine Fremdgefährdung nicht ausgeschlossen werden kann oder Menschen, die ansteckende Infektionskrankheiten haben, werden in der Regel als Tagesgäste abgelehnt. Dies geschieht, damit die Sicherheit der anderen Tagesgäste in jedem Fall erhalten bleibt.

Dass sich Tagesgäste wohlfühlen, ist ebenfalls sehr wichtig. Ob und inwiefern eine Integration des neuen Interessenten oder der neuen Interessentin in die bestehende Gruppe möglich ist, zeigt sich meist durch den unverbindlichen Schnuppertag in der Tagespflege Einrichtung.

Eventuell kann bei Nichtgefallen auch der Besuch an einem anderen Tag, in einer anderen Gruppenzusammenstellung, helfen.

Eine harmonische Gruppe ist die Basis für einen gelungenen Tag in der Tagespflege, doch natürlich kann nicht in allen Fällen auf Sympathien Rücksicht genommen werden.

Eine gewisse Integrationsbereitschaft sollte seitens des neuen Tagesgastes bestehen und sollte ihm/ihr in jedem Fall bewusst gemacht werden.
Wenn sich der zukünftige Tagesgast für eine Einrichtung entschieden hat und der Aufnahme seitens der Niederlassung nichts im Wege steht, kann die Anmeldung vollzogen werden.

– Formalitäten der Anmeldung
Die Anmeldeformulare unterscheiden sich von Einrichtung zu Einrichtung. Während einige Tagespflege Häuser nur die wichtigen Eckdaten wie Geburtsdatum, Pflegeversicherung, besondere Hinweise (z.B. zur regelmäßigen Tabletteneinnahme, Allergien) oder die Heimadresse benötigen, möchten andere zusätzliche Informationen einholen, welche der Zufriedenheit des neuen Gastes dienen.

Dazu gehört die Auswahl von Lieblingsbeschäftigungen oder die Angabe bestimmter Vorlieben beim Speisenangebot.

Im Laufe der Zeit können diese sich aber auch herauskristallisieren oder weiterentwickeln, worauf in der Tagespflege im Rahmen der Möglichkeiten Rücksicht genommen wird.

– Checkliste rund um den Anmeldeprozess
Um Ihnen den oft langwierigen Anmeldeprozess zu erleichtern, finden Sie nachfolgend eine übersichtliche Checkliste auf einen Blick.

– Antrag auf Pflegestufe stellen
– Besuch des medizinischen Dienstes vorbereiten ("Pflegetagebuch")

– eventuell Antrag auf Verhinderungspflege / Sozialhilfe stellen, um ergänzende Kosten zu decken
– geeignete Einrichtung suchen (z.B. durch Mundpropaganda, etc.)
– Informationsgespräch vereinbaren
– evtl. Schnuppertag vereinbaren und besuchen
– Anmeldebogen ausfüllen

– Die Kündigung / Wechsel der Einrichtung
Trotz sorgfältiger Vorbereitung und ausreichender Vorinformation kann es immer einmal passieren, dass sich der Tagesgast nicht genügend wohl fühlt und die Tagespflege sich als unpassend für seine Bedürfnisse herausstellt.

Auch der Tausch in eine andere Einrichtung ist denkbar. In diesem Fall muss der Vertrag mit der Tagespflege Einrichtung zeitnah gekündigt werden. Der Besuch in einer Tagespflege ist auch nach der Anmeldung nicht dauerhaft, sondern nur im Rahmen der Vertragsbedingungen der Einrichtung, verpflichtend.

Bei den meisten Tagespflege Einrichtungen ist bei Nichtgefallen eine relativ schnelle Kündigung möglich. Die Pflegerin aus dem Interview beispielsweise teilte mit, dass kein Gast zum Besuch gezwungen werden soll und daher praktisch eine Kündigung von heute auf morgen durchführbar ist.

Durch viele potenzielle Gäste auf der Warteliste erleidet eine Tagespflege in der Regel auch durch spontane Kündigungen keinen finanziellen Verlust.

– Fazit
Das Konzept Tagespflege wird immer beliebter – und das zu Recht.

Die attraktive Möglichkeit, Gleichgesinnte zu treffen, der Einsamkeit zu entfliehen und ein buntes, vielseitiges Programm am Tage zu erleben, aber abends in die eigenen vier Wände zurückkehren zu können, überzeugt viele pflegebedürftige und auch gesunde Seniorinnen und Senioren.

Wer sich noch zu jung oder fit für ein Altenheim fühlt, aber an Einsamkeit leidet, ist in der Tagespflege ebenso gut aufgehoben wie körperlich oder geistig eingeschränkte Personen, die eine Alternative zur „Endstation Pflegeheim" suchen.

Mit den verschiedenen Schwerpunkten und Gruppengrößen bieten Tagespflege Einrichtungen ein breites Spektrum an Unterhaltung an.

Die oft relativ überschaubare Anzahl von Tagesgästen ermöglicht ein sehr persönliches Verhältnis zwischen Pflegepersonal und Besuchern in der Tagespflege.

Auch die abwechslungsreiche Küche innerhalb der Tagespflege wird regelmäßig gelobt.

Die Investition in das Konzept Tagespflege wird sich durch die steigende Beliebtheit solcher Senioren Einrichtungen schnell und langfristig rentieren.

Die Tagespflege als Investition – Am wichtigsten ist die Planung

Wenn eine neue Tagespflege Einrichtung errichtet werden soll, steht am Anfang die umfangreiche Projektentwicklung und Planung.

Eine gut ausgereifte und wohl überlegte Konzeption ist in allen architektonischen Bereichen wichtig – aber besonders bei der Entwicklung einer Einrichtung für die Tagespflege.

Es gilt nicht nur, eine geeignete Lage zu finden, sondern auch das Grundkonzept sollte gut durchdacht sein. Auch der äußerliche Eindruck von einem Gebäude kann die Entscheidung beeinflussen, ob eine Tagespflege besucht wird oder nicht.

Steht das Konzept, so profitieren am Ende nicht nur Investoren und Projektplaner, sondern auch Tagesgäste, das Pflegepersonal und die Angehörigen der Pflegebedürftigen.

Bei der Planung einer Tagespflege Einrichtung muss die Zukunftsfähigkeit des Projektes im Auge behalten werden. Die laufenden Betriebskosten sind über die Nutzungsdauer der Immobilie gesehen weitaus höher, als die ursprünglichen reinen Baukosten.

Jeder Quadratmeter in der Tagespflege sollte optimal genutzt werden und zum Wohle der Gäste und der Mitarbeiter da sein.

Jeder ungenutzte und sinnlos gebaute Quadratmeter kostet Baukosten, Zinsen, muss gesäubert, gepflegt, gewärmt und nach ca. 10 Jahren wieder renoviert werden.

Kurze Wege für die Mitarbeiter erleichtern die Arbeit, sparen Kosten und sind auch ein Vorteil für die Gäste und deren Angehörigen.

Planung von Tagespflege nimmt zu
„Möchten Sie Ihren Lebensabend in einem stationären Pflegeheim verbringen – oder lieber Abwechslung in der Tagespflege erleben?"

Wer diese Frage zugunsten der Tagespflege beantwortet, wird sich über die Entwicklung in diesem Bereich sehr freuen: Tagespflege wird eindeutig immer beliebter und reizvoller.

Die Planung neuer Tagespflege Einrichtungen nimmt stetig zu. Dies liegt nicht zuletzt an der

Möglichkeit, zwar viel Zeit in der Einrichtung und somit in neuen Räumlichkeiten verbringen zu können, aber am Abend in die vertraute Umgebung nach Hause zurückzukehren.

– Tagespflege planen, Umbaumaßnahmen vermeiden
Allerdings sollten bei der Planung von Tagespflege Einrichtungen einige Eckdaten beachtet werden, damit sowohl Investoren und Planer, als auch Mitarbeiter, Tagesgäste und Angehörige mit der Tagespflege zufrieden sein können.

Es gilt, anstehende Umbaumaßnahmen zu vermeiden; über eine wegen Bauarbeiten geschlossene Tagespflege kann sich niemand der Beteiligten freuen. Außerdem müssten die Tagesgäste während dieser Phase dann an einem anderen Ort untergebracht werden – und schneller Ersatz ist oft schwierig zu finden.

Investieren Sie in eine gute, soziale und zukunftssichere Tagespflege Einrichtung – wir beraten und begleiten Sie gerne dabei.

Ein Motto für die neue Einrichtung
Für eine neue Tagespflege lohnt die Konzeption unter einem bestimmten Motto.

Worin soll der Schwerpunkt der neuen Einrichtung bestehen?

Lautet das Hauptthema beispielsweise "Natur", so sind Garten und Park unbedingt Pflicht. Die Gestaltung der Innenräume könnte darauf aufbauen, indem z.B. Fundstücke aus der Natur ausgestellt oder rustikale und bequeme Holzmöbel verwendet werden.

Auch das Thema "Antik" ist bei der Tagespflege sehr beliebt. Erinnerungsstücke aus längst vergangenen Zeiten rufen Kindheitserinnerungen bei den zukünftigen Tagesgästen wach und schaffen eine ganz besondere Atmosphäre.

Gerne nimmt man Fotos von markanten Gebäuden oder Plätzen aus der Vergangenheit der naheliegenden Stadt oder des Dorfes zur Dekoration.

Wir als Projektentwickler und Projektplaner zeigen schon bei der Entwicklung eines Mottos Kreativität.

Wichtige Eckdaten: Lage und Barrierefreiheit
Der wichtigste Ausgangspunkt ist die Lage für das neue Tagespflege Haus.

Sie sollte mit öffentlichen Verkehrsmitteln gut erreichbar sein, aber wenn möglich auch ruhig, naturnah und „idyllisch" liegen.

Der erste Eindruck zählt, das gilt auch für eine Tagespflege Einrichtung.

Eine Niederlassung in Waldnähe, an einem schönen Park, vielleicht sogar mit einem malerischen Weiher und trotzdem verkehrsgünstig, kann für zusätzliche Gäste sorgen.

Auch ein eigener Garten für die Tagesgäste oder ein geschützter, sonnendurchfluteter Innenhof punkten.

Insbesondere, wenn der Fokus der neuen Einrichtung auf Gartenarbeiten liegen soll, ist das Anlegen von Blumenbeeten oder Hochbeeten von Vorteil.

Die Farbgestaltung des Gebäudes sollte außerdem in hellen und einladenden Tönen erfolgen.

Projektplaner sollten sich hierbei stets die Frage stellen: „Würde ich mich hier wohlfühlen, würden meine Eltern sich hier wohlfühlen?"

Neben der Lage und dem äußerlichen Erscheinungsbild ist die „Barrierefreiheit" das große Stichwort.

Obwohl sich die Tagespflege meist in erster Linie an Menschen mit demenziellen Erkrankungen richtet, besuchen doch auch andere Personengruppen die Einrichtung. Nicht nur geistig eingeschränkte Besucher wie beispielsweise Demenzkranke möchten von der Tagespflege profitieren: auch körperlich eingeschränkte Tagesgäste suchen diese gern auf.

Daher sollte sich die Einrichtung idealerweise auf ebener Erde und in einer Etage befinden. Ist die Einrichtung in höheren Etagen nicht vermeidbar, sollte unbedingt ein Fahrstuhl existieren, damit auch Personen im Rollstuhl oder mit Rollator eine möglichst leichte Anreise ermöglicht werden kann.

Je durchdachter ein Konzept von vorneherein ist, desto weniger Umbaumaßnahmen werden erforderlich und desto geringer sind die laufenden Kosten.

Das Raumkonzept der Tagespflege
Bei der räumlichen Gestaltung sollten die wichtigsten Grundlagen für eine Tagespflege bedacht werden.

Neben behindertengerechten Sanitäranlagen und einem Schwesternzimmer sind eine Küche für das gemeinsame Kochen und Backen und natürlich verschiedene Aufenthaltsräume wichtig.

Je größer die geplante Gruppe von Tagesgästen ausfallen wird, desto mehr Platz wird logischerweise benötigt.

In vielen Einrichtungen ist die Aufteilung in Untergruppen mit unterschiedlichen Beschäftigungen erwünscht: Hierfür werden natürlich weitere Räume benötigt.

Die Farbgestaltung der Zimmer sollte auch hier möglichst freundlich, aber nicht allzu aufdringlich erscheinen. Für den Boden wird leicht zu pflegendes Laminat oder moderne Kunststoff-Bodenbeläge empfohlen, auch ein gemütlicher Teppich, beispielsweise im Ruheraum, wirkt einladend.

Schön gestaltete Räume strahlen eine entspannte Atmosphäre aus und lassen Tagesgäste sich wie Zuhause fühlen.

Fahrdienst, Verpflegung und mehr: Die Planung nach dem Bau

Zur Planung gehört auch unbedingt die Zeit nach dem Bau des Tagespflege Gebäudes.

Beispielsweise muss die Verpflegung für die Tagesgäste, zum Beispiel durch eine örtliche Catering Firma oder eine eigene Küche, sicher gestellt werden. Wenn die Gäste die Möglichkeit haben, beim Kochen und vorbereiten der Speisen mitzuhelfen, ist dies aus vielerlei Gründen von großem Vorteil.

Das Essen hat einen sehr hohen Stellenwert bei den Tagesgästen, es ist nahezu das tägliche gesellschaftliche Ereignis, mitunter der Höhepunkt des Tages.

Auch für die Raumpflege muss gesorgt werden.

Hinzu kommen Dinge wie die grobe Vorplanung des Freizeit- und Beschäftigungsprogramms und die dafür benötigten Gegenstände (z.B. sportliche Geräte, Gesellschaftsspiele, Bücher müssen angeschafft werden) sowie die Sicherstellung des körperlichen Wohls.

Die stetig steigenden Brandschutzbestimmungen müssen erfüllt, Fluchtwege für den Ernstfall geplant werden.

Auch die medizinische Ausstattung in einer Tagespflege darf nicht vernachlässigt werden. Bei Steck-
dosen oder Gegenständen mit Verletzungsgefahr
sollte große Vorsicht walten.

Auch die Bereitstellung eines Fahrdienstes, wofür
mitunter Fahrzeuge gemietet werden müssen, ist
wünschenswert. Dadurch vergrößert sich der Kreis
von potenziellen Interessenten für eine Tagespflege, da einige nicht oder nur eingeschränkt mobil
sind und ohne Fahrdienst die Einrichtung mitunter
nicht besuchen könnten.

Am Ende steht die Werbung? Nein, am Anfang
steht die Werbung
Ist die Planung nun so weit fortgeschritten, dass die
genannten Eckpunkte unter Dach und Fach sind, so
gilt es, die Tagespflege zu bewerben.

Ein gut durchdachtes Werbekonzept stellt die Be-
kanntheit der neuen Tagespflege sicher. Neben den
Klassikern wie Internetseite, Broschüren und Wer-
beplakaten sollten Projektplaner auf ungewöhnliche
Methoden setzen:

Ein Informationsabend oder eine Diashow, welche
die lächelnden Gesichter von Tagesgästen in ande-

ren Einrichtungen zeigt, sorgen für eine breitere Informationsdichte.

Wird die neue Tagespflege mit einem wirtschaftlichen Pflegedienst verknüpft, profitieren beide Seiten: Neben steuerlichen Vorteilen sorgt die Mundpropaganda hier für einen hohen Bekanntheitsgrad.

Wenn die neue Tagespflege einmal erbaut wurde und die Planung erfolgreich verlaufen ist, kann sie sich bald schon über zufriedene Gäste freuen. Und auch die Angehörigen der Pflegebedürftigen werden ein wohl durchdachtes Konzept rund um die neue Tagespflege Einrichtung loben und ihre Eltern oder (Ur-)Großeltern das Haus gern besuchen lassen.

Wenn Sicherheit und Wohlergehen der Tagesgäste im Fokus stehen und schon anhand des Gebäudes der Einrichtung deutlich wird, dass hier mit Liebe und Einfühlungsvermögen gestaltet wurde, sorgt das für große Zufriedenheit bei den Tagesgästen, Angehörigen und den Mitarbeitern.

Das Vertrauen der Gäste, der Angehörigen, aber auch der Mitarbeiter in die neue Tagespflege wird daher sicher gestellt.

Praktikum in der Tagespflege / Religion / Schnuppertag

Praktikum in der Tagespflege
Ein Praktikum in der Tagespflege ist in jedem Fall lohnenswert: Einerseits stellt es den Beruf der Altenpflegerin oder des Altenpflegers eindrucksvoll vor, andererseits bietet es wertvolle Einblicke in das Leben mit altersbedingten Einschränkungen.

Außerdem zeigt es das im Gegensatz zum Pflegeheim unbekanntere, aber dennoch beliebte Konzept Tagespflege aus einer anderen Perspektive.

Vorbereitung
PraktikantInnen werden meist durch ein Vorgespräch mit dem Pflegepersonal auf ihre Aufgaben vorbereitet. Wertvolle Hinweise sind zum Beispiel jene Eckdaten hinsichtlich der Kommunikation: Bei schwerhörigen Gästen muss laut, klar und deutlich gesprochen werden, bei Demenzkranken muss auf einfache Formulierungen geachtet werden, während bei geistig gesunden und fitten Tagesgästen eine lockere und mit Fachbegriffen gespickte Kommunikation möglich ist.

Die Praktikantinnen und Praktikanten lernen, sich individuell auf die Bedürfnisse der Gäste vorab so gut wie möglich einzustellen.

Aufgaben in der Tagespflege

Typische Aufgaben einer Praktikantin oder eines Praktikanten in der Tagespflege unterscheiden sich nur bedingt von jenen des Pflegepersonals. Je nach Aufgabengebiet und Größe der Transportbusse fahren Praktikantinnen und Praktikanten schon am Morgen mit auf Tour, um die Tagesgäste abzuholen und beim Einstieg in den Bus zu helfen.

Der Weg vom Bus zum Frühstückstisch wird ebenfalls gern durch PraktikantInnen begleitet. Eine andere Aufgabe ist das Auftischen von Frühstück und später Mittagessen sowie Kaffee und Kuchen, auch der anschließende Abwasch kann in die Hände von PraktikantInnen gelegt werden.

Aber auch Aktivitäten, die menschenbezogener sind, fallen in den Tätigkeitsbereich. So dürfen PraktikantInnen mit den Tagesgästen basteln, Gesellschaftsspiele spielen oder als Gesprächspartner bereit stehen. Auch das Vorlesen von Geschichten, Horoskopen oder der Tageszeitung ist denkbar.

Nach einigen Tagen als PraktikantIn sind auch verantwortungsvolle Aufgaben wie die Leitung eines Ausflugs und Hilfestellungen z.B. beim Toilettengang der Tagesgäste für Praktikanten und Praktikantinnen möglich. Dadurch wird das breite Spektrum an Aufgaben, die in der Altenpflege wichtig sind, ausreichend vorgestellt.

Aufgaben außerhalb der Tagespflege
Außerhalb der eigentlichen Tagespflege helfen PraktikantInnen bei der Planung möglicher Programmpunkte, geben Feedback zu ihren bisherigen Erfahrungen mit den Tagesgästen und helfen bei der Reinigung am Abend. Vor Beginn der Tagespflege wird außerdem gemeinsam alles für den anstehenden Tag vorbereitet.

Der Frühstückstisch wird gedeckt, die Namensschilder der für diesen Tag geplanten Gäste werden auf die Stühle geklebt und bei besonderen Aktivitäten (z.B. Ausflügen) wird die notwendige Rahmen Organisation vorgenommen.

Spezialpraktikum mit einzelner Bezugsperson

Einige Tagespflege Einrichtungen bieten Praktika der besonderen Art an, bei denen der Praktikant oder die Praktikantin einen einzelnen Tagesgast zugewiesen bekommt. Um diesen kümmert er oder sie sich im Laufe des Praktikums besonders, reicht ihm / ihr beispielsweise das Essen an und gibt Hilfestellungen, falls mobile Einschränkungen bestehen.

Dadurch wird ein Vertrauensverhältnis aufgebaut, welches allerdings den Nachteil hat, dass die Bezugsperson am Ende des Praktikums wieder wegfällt. Der Vorteil hingegen ist das Kennenlernen eines speziellen Charakters und das Gesamtbild der Pflege, welche eine Einzelperson mit sich bringen kann.

Je nach Berufswunsch des Praktikanten oder der Praktikantin wird er / sie einen Tagesgast zugewiesen bekommen, der an Demenz leidet oder mobil eingeschränkt ist.

Auch Praktika aus reinem Interesse an bestimmten Alterskrankheiten sind in einigen Einrichtungen

möglich. Dadurch lernen die Praktikanten, den Alltag mit Menschen zu gestalten, welche an einer
bestimmten Erkrankung leiden.

Religion in der Tagespflege
Einige Einrichtungen pflegen den Umgang mit den
verschiedenen Religionen ihrer Besucher.

So wird beispielsweise vor oder nach dem Essen
gemeinsam gebetet, wenn dies von der Gruppe ge-
wünscht ist. Auch Ausflüge in die Kirche oder zu
Kapellen bieten sich in religiös fokussierten Tagespflege Einrichtungen an.

Viele ältere Menschen loben einen religiösen Bezug in Tagespflege Einrichtungen und legen Wert
darauf, dass ihre Religion in den Tagesablauf ein-
gebunden wird.

Einige Einrichtungen legen ihren Schwerpunkt von
vornherein auf die Religion. Wer eine solche Tagespflege sucht, sollte sich am besten vorab über
das Angebot informieren.

Der Schnuppertag in der Tagespflege

Wer sich für eine Tagespflege Einrichtung interessiert, kann sich für einen unverbindlichen und völlig kostenfreien Schnuppertag unkompliziert entscheiden.

In der Regel wird für den Schnuppertag ein Tag ausgewählt, an dem keine besonderen Programmpunkte stattfinden, sondern ein gewöhnlicher Ablauf in der Tagespflege stattfindet.

Einem Schnuppertag geht in jedem Fall ein persönliches Kennenlernen von Tagespflege Leitung und potenziellem Tagesgast voraus. Je nach Kapazitäten wird die Verwaltung anhand dieses Gesprächs entscheiden, in welche Gruppe der Interessent oder die Interessentin möglicherweise am besten passen wird.

An dem Tag, an dem diese Gruppe zu Besuch ist, wird der Interessent / die Interessentin vom Fahrdienst abgeholt und in die Tagespflege gebracht.

Dort erfolgt eine kurze Vorstellung der neuen Seniorin oder des neuen Seniors sowie eine Vorstellungsrunde mit den Mitgliedern der vorhandenen Gruppe. Vielleicht ergibt sich auch die Möglichkeit, dass der Schnuppertagesgast einen Paten für diesen Tag zur Seite gestellt bekommt, eine Seniorin oder Senior, der die Tagespflege schon länger nutzt und den Schnuppertag gemeinsam mit dem neuen Tagesgast durchlebt. Die Interessentin / der Interessent lernt das Pflegepersonal kennen und darf sämtliche Leistungen der Tagespflege in Anspruch nehmen.

Darin inklusive sind auch die komplette Verpflegung durch Frühstück, Mittagessen und Kaffeetrinken sowie die Inanspruchnahme des möglichen Programms bis zum Ende des Tages.

Auch für den Interessenten / die Interessentin besteht also eine Wahlmöglichkeit zwischen verschiedenen Aktivitäten.

Nach dem Schnuppertag wird der potenzielle Gast nach seinen Eindrücken befragt, kann sich allerdings nachher in Ruhe überlegen, ob die Tagespflege Einrichtung das Richtige für ihn oder sie ist.

Oft wird zum Vergleich noch eine weitere Einrichtung besucht, um einen Eindruck von den verschiedenen Konzepten zu gewinnen und die individuell passende Tagespflege zu finden.

Zusammenfassung: Die Tagespflege auf den Punkt gebracht

Die Informationen aus diesem Buch sollten einen Überblick über das Konzept „Tagespflege" zeigen und die Vorteile für Tagesgäste und Angehörige in den Vordergrund rücken.

Zusammenfassend kann man sagen, dass die Tagespflege eine hervorragende Alternative zum stationären Aufenthalt im Pflegeheim darstellt. Außerdem ist sie eine beliebte Ergänzung zur Inanspruchnahme einer Kurzzeitpflege oder eines Ambulanten Pflegedienstes sowie einer Haushaltshilfe für ältere Menschen.

Eine gute Tagespflege Einrichtung zeichnet sich durch liebevolles und geschultes Personal sowie freundlich eingerichtete, barrierefreie Räumlichkeiten aus. Die verkehrsgünstige Lage in der Nähe eines Waldes, Parks oder idealerweise der Anschluss eines Innenhofs bietet sich ebenfalls für eine Tagespflege an.

Zahlreiche Beschäftigungen sollten als Programmpunkte auf der Liste einer Tagespflege Einrichtung stehen: Abwechslungsreiche, auf die Bedürfnisse der Tagesgäste zugeschnittene Aktivitäten vom Basteln über das gemeinsame Kochen und Backen bis hin zu Übungen mit Bällen oder Tischtennisschlägern.

Viele Einrichtungen heben sich durch kreative Projekte hervor, bei denen die Tagesgäste oft mit dem Ergebnis ihrer Bastelarbeit in ihre eigenen vier Wände zurückkehren können. Besuche besonderer Gäste, wie einem Clown oder DJ mit auflockernder Musik, findet in regelmäßigen Abständen statt.

Das Feiern von saisonalen Festen wie Weihnachten und Ostern, aber auch die fröhliche Party zum Geburtstag eines Gastes runden die stets positive Grundstimmung in einer Tagespflege ab. Eine Tagespflege Einrichtung überzeugt meist schnell nach ihrer Eröffnung Gäste und Angehörige.

Tagesgäste loben an der Tagespflege insbesondere den strukturierten Ablauf, das reichhaltige und schmackhafte Essen, das einfühlsame Personal, welches stets ein offenes Ohr für Fragen und Probleme hat, sowie die Geselligkeit unter Gleichaltrigen.

In der Tagespflege gibt es keine Einsamkeit.

Hauptsächlich wird die allabendliche Heimkehr in das gewohnte Umfeld als Vorteil betrachtet.

Auch pflegebedürftige Menschen, die einen Heimbesuch ablehnen, mögen das Konzept Tagespflege, da es ihnen einen bunten Alltag ohne „Daueraufenthalt" ermöglicht.

Angehörige von Tagesgästen wissen ihre Eltern oder (Ur-)Großeltern während der Zeit in der Tagespflege in guten Händen und können neue Kraft für die wichtige Aufgabe der häuslichen Pflege tanken.

Dabei müssen sie kein schlechtes Gewissen haben, da viele Pflegebedürftige ihre Zeit in der Tagespflege nicht missen möchten. Glücklich und ausgelassen kehren sie abends in ihr Zuhause zurück.

Als Ergänzung zur Tagespflege bieten sich die Ambulante Pflege oder ehrenamtliche Organisationen wie die "helfenden Hände" an.

Je nach Pflegestufe der/des Pflegebedürftigen steht Pflegegeld zur Verfügung, das für die Tages- und die häusliche Pflege aufgeteilt werden kann. Weitere Finanzierungshilfen finden sich bei der Verhinderungspflege oder je nach Fall auch beim örtlichen Sozialamt.

In der Regel ist der Besuch in einer Tagespflege jedoch vergleichsweise bezahlbar, insbesondere gegenüber dem dauerhaften Verbleib in einem Altersheim.

Investoren profitieren von dem Konzept Tagespflege, da es an Beliebtheit zunimmt und viele ältere Menschen bereits auf Wartelisten für freie Plätze stehen. Wenn ein paar Eckdaten (wie die Lage oder die Barrierefreiheit) beachtet werden, entwickelt sich eine Tagespflege schnell zur lohnenden Investition.

Bereits ab 75 % Auslastung rentiert sich eine neue Tagespflege; außerdem wird sie gleichzeitig als Investition in die möglicherweise eigene Zukunft betrachtet.

In einigen Jahren wird die Tagespflege vermutlich eines der dominierenden Pflegekonzepte in der Altenbetreuung in Deutschland, Österreich und der Schweiz darstellen.

Daher lohnt sich bereits jetzt die Planung von Einrichtungen in diesem Bereich.
Hierfür steht Ihnen Herr Ingo Noack gerne zur Seite.

Konzeption, Planung, Bau, Betrieb von einer Tagespflege

Herr Ingo Noack ist seit dem Jahre 1990 mit der Konzeption, Planung, Bau und Betrieb von Senioren Pflege Einrichtungen betraut.

Wenn Sie ein weitergehendes Interesse an der Errichtung einer Tagespflege haben, sollten Sie mit mir Kontakt aufnehmen – ich berate und begleite sehr gerne die Projektentwicklung, Planung und den Bau Ihrer Senioren Einrichtung, Pflegeheim, Betreutes Wohnen oder Ihrer Tagespflege.

Ob Neubau, Altbau, Sanierung oder Modernisierung von Senioren Immobilien – wir entwickeln gerne für Sie Ihre nachhaltig wirtschaftliche Senioren Einrichtung.

Eine Seniorenimmobilie wird immer erfolgreich, wenn Sie das Interesse und das Wohlbefinden der Bewohner, der Gäste, der Mitarbeiter und der Angehörigen im Blick haben.

Eine nachhaltige Wirtschaftlichkeit bedingt eine perfekte Betriebskosten optimierte Planung – dann betreiben Sie eine Seniorenimmobilie für mehr als 30 Jahre erfolgreich.

Wenn man Senioren liebt, wird das Haus ein großer Erfolg.

Sie erreichen mich am besten unter meiner Mobil-Rufnummer **0151-2233 2523** oder per eMail in@smnb.de.

Interessante Internetseiten:
www.Betreuteswohnen-Seniorenresidenz.de
www.Pflege-Liebe.de
www.Tagespflege-Senioren.de
www.Tagespflege-Senioren-Berlin.de
www.Gemeinde-Pflegehaus.de
www.Pflegeheim-Architekt.com
www.Betreuung-Altenpflege.com
www.Architekt-Architekturbuero.com
www.Hausverkaufen-Immobilienverkaufen.de
www.SMNB.de

Sie wollen in Bezug auf die Tagespflege und andere Pflege Themen auf dem Laufenden bleiben? Dann abonnieren Sie hier Ihren persönlichen Newsletter:

www.Pflege-Liebe.de/Newsletter

Notizen

Hier haben Sie etwas Platz, um Ihre Notizen zur Tagespflege festzuhalten.

Zeitfracht Medien GmbH
Ferdinand-Jühlke-Straße 7
99095 Erfurt, Deutschland
produktsicherheit@kolibri360.de